당신을 만나면 힘이 나요
You raise me up

YOU RAISE ME UP

당신을 만나면 힘이 나요

정상곤 지음

두드림미디어

　꿈을 꾸며 도전하는 인생길, 두 번 다시 걸어볼 수 없는 삶의 길이기에 가능한 한 시행착오를 겪지 않고, 원하는 성공을 이루도록 강의장에서, 상담실에서 필자의 경험 이야기들을 들려주었습니다. 그 과정에서 "선생님께서 해주시는 삶의 진솔한 이야기, 고난 극복의 이야기, 도전 이야기들을 통해 많은 것을 깨달았습니다. 고난에 굴하지 않고 재기할 의욕이 생겼습니다. 기로에서 방황하던 제가 가야 할 길을 찾았습니다. 도전할 용기가 생겼습니다"라는 소감을 듣고, 그 사례 이야기들을 발췌해 '당신을 만나면 힘이 나요'라는 제목으로 이 책에 수록해보았습니다.

　사람들은 누구나 제 나름대로 성공을 꿈꾸며 살아갑니다. 성공을 이루는 삶의 여정에서 많은 난관을 만나지만, 인내하고 노력하며 도전하면 동토에도 꽃이 피듯이 원하는 성과를 이룰 수 있는 것입니다.

저는 제 인생을 '파란만장(波瀾萬丈)'이라고 표현합니다. 이는 굴곡 많은 삶 속에서 수많은 어려움을 겪었지만, 그 고비들을 이겨냈기 때문입니다. '좌충우돌(左衝右突)'이라는 표현도 제 인생을 잘 설명해줍니다. 다양한 도전 속에서 때로는 성공을, 때로는 실패를 맛보았기 때문입니다.

제 인생은 크고 작은 위기와 수많은 도전의 연속이었지만, 그럴 때마다 저는 좌절 대신 용기를 선택해왔고, 주위의 힘을 빌리는 지혜를 발휘했습니다. 그래서 저는 제 삶이 성공적이었다고 자부합니다.

제 강의를 듣고, 저와 대담하거나 저와의 상담을 통해 많은 사람이 새로운 방향을 찾고, 인생의 변화를 맞이하는 것을 지켜보며 제 말 한 마디에 큰 책임감을 느꼈습니다. 그래서 세상의 변화를 끊임없이 공부하고, 다양한 성공과 실패 사례들을 연구하며, 카운슬러로서의 지식과 능력도 키워왔습니다. 그리고 저의 이야기가 누군가에게 힘이 되고, 새로운 길을 제시해주었다는 감사의 인사를 받을 때마다, 오히려 제가 더 큰 보람과 행복을 느꼈습니다.

저는 꿈을 이루어 성공하기 위한 요소를 네 가지로 이야기합니다.

첫째, 현재 겪고 있는 고통은 반드시 극복할 수 있으며, 성공을 위해 겪는 진통이라고 믿는 것입니다. 많은 사람이 자신의 고통이 세상에서 가장 크다고 생각하며 좌절하지만, 동토에도 꽃이 피는 것처럼 더 어려운 환경에서, 더 큰 고통과 좌절을 극복하고 성공한 사례는 얼마든지 있습니다. 이 책에서 다룬 사례들을 통해 여러분이 다시 힘을 얻길 바랍니다.

둘째, 삶은 끊임없이 변화하는 과정에서 도전을 이어가는 긴 여정입니다. 꿈과 목표는 상황에 따라 변할 수 있지만, 그에 맞춰 다시 도전하고 나아가는 게 중요하다는 것입니다. 도전은 삶의 불꽃이며 도전할 때 가슴속에 열정의 불꽃이 타오르게 됩니다. 꿈을 이루기 위한 강한 열망과 절대 포기하지 않는 끈기만 있다면, 도전은 성공하게 되어 있습니다. 도전을 멈추면 삶이 멈춥니다.

셋째, 성공이란 자기가 설정한 꿈을 이루는 것이고 그 핵심 비결은 노력입니다. 그 꿈을 이루는 것이 얼마나 절실한가, 얼마나 간절한가에 따라 노력이 달라집니다. 많은 사람이 적은 노력으로 큰 성과를 기대하지만, 그것은 잘못된 바람입니다. 이 책의 사례들에서 지속적인 노력만이 성공을 이끌 수 있다는 교훈을 전하고자 합니다. 노력은 절대로 당신을 배신하지 않을 것입니다.

넷째, 혼자 모든 문제를 해결하려 하지 말고, 주위에 도움을 요청하는 것도 중요한 전략입니다. 힘들 때 손 내밀어 도움을 구하면 주위에는 당신을 도울 사람들이 의외로 많다는 것을 알 수 있습니다.

이 책의 다양한 사례들을 통해 여러분이 삶을 돌아보고, 혹여 후회나 반성이 있다면 이를 기회로 삼아 삶의 자세를 바꾸면 됩니다. 지금 어

떤 환경에 있더라도, 지금 다시 용기를 내어 노력한다면 10년, 20년 후
에 "나도 성공적인 삶을 살았다"라고 스스로 자랑스럽게 말할 수 있을
것으로 확신합니다.

정상곤

차례

제 2 장 　도전은 삶의 불꽃이다

제 3 장 삶은 진검승부다

제4장 당신을 만나면 힘이 나요

제 **1** 장

동토에도
꽃은 핀다

자신이 처한 지금의 환경이 가장 어렵다고 느끼는 경우가 많다. 마치 몰아치는 폭풍우 속에 홀로 서 있는 듯한 절망감에 빠지기도 한다. 그러나 극한의 환경인 북극의 동토에서 북극 양귀비나 극지 제비꽃 같은 꽃들이 피고, 남극의 얼음 밑에서도 남극 빙어, 남극 크릴 같은 어류가 사는 것처럼, 간절한 마음으로 기도하고 강한 의지로 희망의 불씨를 지피는 노력을 계속하면 어떤 역경도 이겨내고 새 희망의 꽃을 피울 수 있다.

1
시각장애인들의 연주회

시각장애인들로 구성된 수준 높은 클래식 연주를 감상하면서 그들이 이어온 피나는 노력과 삶의 의지에 저절로 고개가 숙어졌다. 정성이 지극하면 동지섣달에도 꽃이 핀다는 속담처럼 우리네 삶에서도 강한 바람이 있고 끈기 있는 노력만 하면, 우리가 힘들다고 생각하는 고통이나 고민은 얼마든지 극복할 수 있다.

약 30년쯤 전에 일본의 소니(SONY) 장애인 공장을 방문했던 일이 생각난다. 그 유명한 워크맨을 만드는 공장이었는데 시각장애인, 청각장애인, 하반신 불구 장애인 등 갖가지 장애가 있는 사람들로만 구성된 생산 현장이었다. 그런데 놀랍게도 안내자는 그 공장이 전 세계에 산재해 있는 수많은 소니 공장 중에서 생산성이 가장 높고 불량률은 가장 낮다고 자랑했다. 모든 시설이 장애인들의 입장에서 편리하게 임할 수 있도록 설계되어 있지만, 무엇보다도 신체장애가 있음에도 불구하고 열심히 맡은 일을 하려는 직원들이 의지와 열의 때문이라고 했다.

　일생을 시각장애인 복지관 운영에 헌신하던 고교 동창 신동열 관장과 그의 부인을 나는 개인적으로 존경한다. 그 친구 덕분에 복지관 구석구석을 돌아볼 수 있었고, 시각장애인 재활 시스템을 이해했으며, 그들을 돕는 아름다운 손길들을 확인할 수 있었다. 시각장애인 복지관에서 1년간 봉사해온 따뜻한 손길에 감사를 표하며 공로상을 주기도 하고, 소감도 발표하는 뜻깊은 연말 행사에 참여한 적이 있다.
　강당에 들어가니 시각장애인들에게 힘과 용기를 주기 위해 활동해온 다수의 자원봉사자들이 함께 자리하고 있었다. 지난 1년간 치렀던 여러 행사에 대한 소개와 보고에 이어서 봉사자들에 대한 시상식이 있었는데, 수상자들 한 분 한 분의 소감 발표를 들으며 가슴이 뭉클해짐을 느꼈다. 호화로운 그 어떤 연말 행사보다도 뜻깊고 아름다운 행사였다.
　이어서 시각장애인들의 연주회가 진행된다는 사회자의 소개와 더불어 시각장애인 10여 명이 각종 악기를 들고 자원봉사자들의 도움을 받으며 무대에 나와 섰다. 그들 중에는 해외 유학파들도 다수 섞여 있고, 모두 수준이 상당한 전문가들이라고 했다.
　앞을 볼 수 없으니 1시간 정도 진행되는 연주곡목의 악보를 모두 암기해야 한다는데, 그렇게 하기까지 얼마나 피나는 연습을 했을까?
　그들의 수준 높은 연주를 100여 명 이상의 자원봉사자들과 관계자들이 감동하며 들었다.

　그런데 연주회 중에 갑자기 강당의 전깃불이 모두 나가버렸다.

16

'앗, 연주회 도중에 전깃불이 나가다니…!'

순간 암흑에 휩싸였다. 아무것도 보이지 않았다. 너무나 당황스러웠다. 비단 나만이 당황했던 것은 아닐 것이다. 그런데 연주회는 끊김이 없이 진행되고 있었다.

그렇다. 그들에게는 전깃불이 켜져 있든, 꺼지든 전혀 문제가 되지 않았던 것이다. 어느 정도 시간이 지나자 다시 전깃불이 들어왔고, 아름다운 선율은 역시 아무런 방해를 받지 않고 계속되었다.

이 세상의 그 어느 연주회보다 감동적이었다.

통계적으로 시각장애는 선천적인 경우보다는 후천적인 경우가 많다고 한다. 그래서 멀쩡히 앞을 보던 사람이 사고나 당뇨, 기타 여러 사유로 앞을 못 보게 되면 절망한 나머지 자살부터 떠올리거나, 정말로 자살을 시도하기도 한다는 것이다. 그러다가 1~2년의 세월이 지나면 희망의 끈을 붙잡으려 시각장애인 복지관을 찾아온다고 했다. 그들에게 가장 먼저 필요한 것은 살아가는 용기를 주는 심리상담인데, 시각장애를 당해 좌절하다가 삶의 의욕을 되찾은 선배들이 주로 상담 역을 맡는다고 했다. 시각장애인들의 아픔을 가장 잘 이해할 수 있는 최상의 멘토를 매칭하는 것이다.

멘토들은 멘티들이 복지관 내의 생활에 적응할 수 있게 도와주고, 점자도 가르쳐 준다고 했다. 내가 본 가장 놀랍고도 인상적인 책은 그들이 사용하는 사전이었다. 보통 사전이라고 하면 두툼한 책 한 권이라고 인식하기 마련인데, 올록볼록한 점자로 이루어진 사전은 부피가 어마어마하게 커서 수십 권이나 되었다. 점자책을 열어 본 나는 또다시 놀랐다. 모든 페이지가 하얗고, 검은 글자는 한 자도 보이지 않았다. 오로지 올록볼록한 점자만 있는 책이었다.

시각장애인 복지관에는 점자로 자료를 만드는 아름다운 자원봉사의 손길들도 있고, 책이나 신문 등을 녹음해서 시각장애인의 가정으로 전달하는 팀들도 있었다. 시각장애인들도 영화를 감상할 수 있다고 했다. 옛날 무성영화 시대의 연사처럼 영화의 장면을 말로 잘 묘사해주면, 배경음악과 대사는 들을 수 있으므로 머릿속으로 영화의 장면을 그려가면서 영화를 감상한다는 것이다. 영화의 장면들을 상상하며 느끼는 즐거움이 있는 것이다.

그들의 생활 반경을 복지관 밖으로까지 확장하기 위해 복지관 주변 환경을 모형으로 만들어 손으로 만져가며 모두 익히게 한 다음에 실제로 걸어 나가는 것을 시작한다고 했다. 점차 버스도 타 보고, 기차도 타 보고, 심지어는 비행기도 타 본다고 했다. 요즈음은 스마트폰도 잘 다루고 컴퓨터 활용도 잘한다고 한다. 이 모든 과정에 아름다운 도움의 손길들이 있다.

그렇게 일상생활을 시작하며 시각장애인들도 희망의 불씨를 지핀다. 자격증에도 도전해 안마사, 점술사, 혹은 기업에 취업도 한다. 새로운 배우자도 만나려 하고, 자기가 하고 싶었던 공부를 하기도 한다. 그런 열의를 보이는 시각장애인들에게는 그들을 열심히 도우려는 사람들이 나타나게 되어 있다. 비장애인이 시각장애인과 결혼해서 헌신적으로 장애인 배우자의 삶을 돕는 경우도 적지 않다고 한다.

시각장애인들이나 지체장애인들처럼 훨씬 더 어려운 환경 속에서도 잘 헤쳐 나가는 사람들을 생각하면, 비록 지금 처한 현실이 힘들다고

당신을 만나면 힘이 나요

해도 결코 포기하면 안 된다.

　일이 뜻대로 되지 않을 때 환경을 탓하기 전에 자신의 노력이 부족함을 탓해야 한다. 동토에서도 꽃이 피는 것처럼 어떠한 어려운 환경에서도 새로운 희망을 품고 피나는 노력을 하면, 얼마든지 원하는 성공을 이룰 수 있다.

2

역경은 자신을 강하게
만드는 기회다

상상하기 어려울 정도의 고난과 역경을 이겨내고 성공을 이루는 사람들이 의외로 많다. 나 역시 청소년기에 영양실조에 시달리며, 산동네의 하늘과 가장 가까운 곳에 무허가 판잣집을 직접 지어 살면서 매일 산 아래 동네로 내려가 물지게로 물을 네 통씩 져 나르는 등 악조건 속에서 서울대학교 경제학과에 합격했다.

좋은 환경에서 태어나서 살아가는 인생도 좋겠지만, 역경을 헤치고 강하게 살아가는 인생이 더 멋지고 보람이 있다고 생각한다. '아버지가 사업에 실패하지도 않았고, 그래서 내가 유복한 청소년기를 지냈다면 지금처럼 성공적인 삶을 사는 내가 있을 수 있었을까?' 하는 생각을 가끔 한다. 어려운 환경 속에서 희망의 불씨를 지피며 피나는 노력을 했기 때문에 나는 더욱 강해졌고, 지금처럼 삶의 승리자가 될 수 있었다는 생각이 든다.

아버지가 연거푸 두 번이나 사업에 실패하신 연유로 우리 가족은 내가 초등학교, 중학교에 다니던 시기에 극심한 가난을 겪으며 살았다. 중학교 때는 하루하루 겨우 연명했고, 어머니께서 그날 먹을 양식을 못 구해 빈손으로 돌아오시는 날에는 멀건 밀가루 죽으로 저녁 식사를 때우기 일쑤였다. 이 때문에 영양실조로 시력도 나빠졌다. 신발이 떨어져 발가락이 보여도 새 운동화를 사지 못하고 등교하다 보니, 교실에 들어갈 때는 발이 너무 더러워 가방 속에 걸레를 넣어 다니다가 발을 닦고서야 교실로 들어갈 수 있었다. 중학교 1학년 때는 왕십리의 한옥 문간방을 빌려 살았는데, 방이 너무 좁아 식구들이 전부 누울 수가 없었기 때문에 두 사람은 주인집 식구들이 모두 귀가하는 것을 확인한 뒤에 대문 안쪽 흙바닥에 가마니를 깔고 잠을 자야 했다.

중학교 때의 내 별명은 '갈비'였다. 영양실조로 빼빼 말라서 붙여진 가슴 아픈 별명이었다. 그런데 당시 중학교 친구들은 내가 그렇게 가난하게 사는 것을 잘 몰랐다. 항상 밝은 모습으로 생활한, 하늘이 내게 준 긍정적인 성격 때문인 것 같았다.

고등학교 1학년 무렵, 아버지와 산꼭대기에 무허가 판잣집을 짓기로 했다. 동숭동 대학로 뒷산인 낙산의 높은 곳에 자리를 잡아 밤마다 흙을 파서 집터를 마련하기 시작해서 처음에는 움막집 형태로 거처를 마련했다. 그 후 점점 땅을 넓혀 방 한 칸 정도의 집터를 만들었다. 모래와 시멘트를 져 날라 블록 벽돌도 직접 만들었고, 구들장 놓을 돌들도 져 날랐다. 판자를 얽어서 지붕을 얹고, 비가 새지 않도록 루핑(roofing, 지붕을 이는 일. 또는 그 일에 쓰는 재료)을 덮었다. 그렇게 몇 개월 동안 고생해서 겨우 방 한 칸짜리 우리 집이 생겼다. 낙산의 최정상부에 자리한, 요즘 화면으로 보는 난민촌 같은 집이었다.

부모님과 할머니, 그리고 우리 4남매까지 해서 7명의 식구가 모두 한방에서 지내기 시작한 뒤로도 조금씩 집터를 넓혀 몇 개월 후에는 겨우 방 한 칸을 더 들일 수 있었다.

당시에 나는 명문 학교로 일컬어지던 경복고등학교에 다니고 있었다. 어쩌다가 우리 집에 와 본 친구는 그런 환경을 보고 상당히 충격을 받았던 모양이었다. 그 친구는 원남동의 근사한 한옥에 살았으니, 우리 집 환경 같은 정경은 상상이 되지 않았을 것이다. 그 친구 집에 가면, 친구의 어머니가 나를 딱하게 여겨 이것저것 많이 챙겨 주셨다.

고등학교 2학년 때 담임이셨던 민관식 선생님이 가정 방문을 오겠다고 하시길래 집 위치를 말씀드리며 오시지 말라고 만류했는데, 그 말이 통할 리 없었다. 청와대 옆에 있는 경복고등학교에서 버스로 종로 5가까지 오면, 거기에서부터 집까지는 걸어야 했다. 선생님은 산동네의 꼬불꼬불한 골목길을 오르시다가 좀 쉬었다 가자고 하셨다. 나는 매일 물지게를 지고 오르내리는 길인데, 선생님으로서는 초행길에 무척 힘드신 모양이었다.

"정 군, 이런 환경에서 학교에 다녔군. 상상이 안 되네."

"선생님, 저는 고등학교를 졸업하면 취직할 생각입니다. 제가 취직하면 가정 살림이 조금은 나아질 것이고, 부모님이 고생을 덜 하셔도 될 것 같아서요."

"정 군, 지금 학교 성적이 이렇게 좋은데, 그러면 안 되네. 일단 서울대학교에 합격하고 나서 아르바이트해서라도 학업을 계속할 수 있도록 해야 하네. 절대로 학업을 포기하지는 말게."

당신을 만나면 힘이 나요

선생님은 진정으로 나를 걱정해주셨다.

매일 아침 산 아래 공동 수돗가로 내려가 물 두 통을 물지게에 지고, 두 통은 양손으로 들고 산꼭대기 집까지 나르다 보니, 나도 모르게 체력 단련이 되어 몸이 근육질로 변해 갔다. 서울대학교 경제학과에 합격한 이후 신체검사를 받을 때였다. 검사장에 웃통을 벗고 들어갔는데 검사하시던 선생님이 나의 근육질 몸을 보시더니, "학생, 오늘은 체육대학 합격생 신체검사를 하는 날이 아니야"라고 농담을 하셨던 일이 생각난다.

"아니, 매일 물지게를 지고 다니던 그 학생이 서울대에 합격했다고?"

산동네에서 난리가 났다. 부모님은 다음 날 동네 사람들을 초대해서 조촐한 잔치를 열었다. 부모님이 그렇게 활짝 웃으며 좋아하시는 모습을 그때 처음 보았다.

다음 날 원남동의 친구 집에 합격 인사를 드리러 갔다. 그 친구도 서울대에 합격했기 때문에 발걸음은 더욱 가벼웠다.
친구의 어머니께서 축하해주시며, 입학 등록금은 준비되어 있느냐고 물어보셨다.

"안 그래도 등록금 때문에 걱정입니다. 아직 한 달 이상 남았으니, 어떻게 마련해봐야지요."

일주일 후, 그 친구 어머니의 주선 덕에 바로 아르바이트 자리가 생겼다. 한 달 치 아르바이트 금액을 선불로 받아 입학 등록금을 해결할 수 있었다. 당시 서울대학교 입학 등록금은 한 달 치 아르바이트 비용으로 충당할 수 있었다.

대학을 다니면서 4년간 장학금도 받았고, 아르바이트 수입으로 가정 생활비도 상당히 책임졌다.

지금 그 옛날 추억의 낙산 산동네는 서울 전경이 한눈에 내려다보여 전망이 좋은, 아름다운 공원으로 변해 있다.

극심하게 고생했던 청소년기, 그 어려운 시기를 이겨내며 기른 강한 정신력과 체력이 내 인생에 사용될 가장 큰 자산이 되었고, 지금은 그때를 부끄러움 없이 이야기할 수 있는 여러 여건을 마련하게 되었다.

고난은 받아들이는 마음 자세에 따라 우리를 더 강하게 만드는 약이다. 고난을 극복하고, 성공한 사람들의 사례는 얼마든지 많다. 포기하지 않고 희망의 불씨를 지펴 가며 노력하면 반드시 축복의 기회가 온다.

3

여객기가 추락한
바로 그 현장에서

무안 공항의 항공기 추락 참사를 보면서 예전의 잊을 수 없는 그 일이 떠올랐다. 나는 예약을 변경해서 3일 먼저 출발했는데, 예약 취소했던 바로 그 여객기가 착륙 도중 추락한 것이었다. 비행기는 세 동강이 난 채 불타고 있고, 검게 그을린 시신들과 탈출한 부상자들로 아비규환이었던 참혹한 그 현장에 달려가서 직접 구조활동에 나섰던 광경이 떠오른다.

아프리카 북단의 리비아로 출장을 다니면서 대한항공 직항 편을 여러 번 이용했는데, 그때가 다섯 번째 출장이었다. 그런데 출발 며칠 전에 집사람이 "3~4일만 앞당겨 출장을 다녀오면 좋겠다"라고 하는 것이었다. 무슨 예지 능력이 발동된 것인지, 여성 특유의 촉이었는지는 모르겠으나, 나는 아내의 요청에 따라 예약했던 항공 편을 대한항공에서 루프트한자 항공으로 바꾸어 예정보다 4일 먼저 프랑크푸르트를 경유해 트리폴리로 들어갔다.

그 후 1,000km 떨어진 지방 도시 벵가지까지 가서 출장 업무를 보고 돌아온 다음 날 새벽, 자욱하게 내려앉은 안개가 슬래브 지붕에 서려 낙숫물로 떨어지는 소리에 눈을 떴다. 그때 갑자기 바깥이 소란스러워져 나가 보니 어떤 사람이 피를 흘리면서 비행기가 추락했다며 도와달라 소리치고 있었다. '타고 있던 비행기가 추락했는데, 살아서 여기까지 걸어왔다고?' 순간 귀를 의심했지만, 이야기를 들어 보니 비행기 추락 지점이 내가 머물던 대우건설 리비아 건설본부와 아주 가까운 곳이기에, 즉시 차를 몰고 현장으로 달려갔다.

1989년 7월 27일, 대한항공 소속의 비행기가 추락해 탑승 인원 200명 중 72명이 사망하고, 나머지 승객도 중·경상을 입은 바로 그 사건이다. 내가 현장에 도착해보니, 이른 새벽이라 경찰이나 구조대의 모습이 보이지 않았고, 세 동강으로 부서져 불타는 여객기와 불에 그슬어 좌석에 앉은 자세로 이미 절명한 사람들, 가까스로 기어 나와 혼비백산한 표정으로 피 흘리며 구조를 요청하는 부상자들 등 그야말로 아비규환의 생지옥이었다. 열악한 열사(熱沙)의 땅, 아프리카까지 와서 조금 더 잘살아 보겠다며 희망의 불씨를 태우던 근로자들에게 닥친 엄청난 사건이었다.

이미 트리폴리 공항에 여러 차례 착륙한 경험이 있던 대한항공의 베테랑 기장은 짙은 안개가 끼어 있던 그날 새벽에 트리폴리 공항에 접근하면서 좀 더 시야를 확보하기 위해 평소보다 낮은 고도로 바퀴를 내린 채로 착륙을 시도했다가 아주 운 나쁘게도 사막에 달랑 한 채 있던 주택의 지붕에 바퀴가 걸리는 바람에 추락한 것 같았다. 그 주택의 일가족은 졸지에 모두 화를 당했다고 했다.

추락 당시 비행기가 사막의 작은 관목들 위로 미끄러지며 활주하는 바람에 비행기의 동체 아래쪽이 반쯤 닳아 없어져 안전벨트를 맨 탑승자들의 발이 땅에 닿아 있었고, 탑승자들의 구두와 신발들이 벗겨져 비행기가 활주한 자국을 따라 길게 흐트러져 있는 특이한 광경을 목격했다.

우선 외교 행낭과 현장에 흩어져 있는 마이크로필름 등을 수거하고, 비행기 안에서 신음하고 있는 부상자들을 살펴보는 등 구조활동을 하고 있는데, 지중해를 건너 날아온 헬기가 나의 머리 위에서 취재를 시작하는 듯했다. 헬기에는 CNN 마크가 선명했다.

내가 리비아 출장을 자주 다니는 줄 알고 있던 지인들이 귀국한 나를 만났을 때, CNN 중계 카메라에 찍힌 내 모습을 보고, 나도 그 비행기에 탑승했던 것으로 생각해서 "어떻게 그렇게 멀쩡하게 걸어 나와 활동하고 있었느냐?"라며 묻기도 했다.

아침부터 대우건설 리비아 현장사무소는 경악과 혼란이 뒤섞인 채 난리판이 되었다. 사고 현장에서 긴급히 이송한 사망자와 부상자들 명단 확인 및 사태 파악을 위한 한국의 매스컴과 정부 관계자들의 빗발치는 전화에 모두 우왕좌왕하며 쩔쩔맸다.

입국 심사를 통과하지 않고 대우건설 캠프로 옮긴 탑승자들은 법적으로는 전부 불법 입국자 상태였으므로, 그 인원 파악 및 후속 행정 절차도 필요했다. 무엇보다도 사망자를 수습하고, 부상자들은 리비아 국립병원으로 옮겨야 했다. 겉으로는 괜찮아 보이는 사람들도 전원 병원에 입원시켜 건강 상태를 체크해야 하는 것이 항공사고 시의 기본 룰이라고 했다. 대우건설 캠프에는 즉각 대책반이 설치되었다.

리비아의 출장 일정 중 그날 오전에 가장 중요한 바이어와의 미팅이 예정되어 있었지만, 나는 구조활동과 사고 수습이 먼저라고 생각해서 대책반에 합류했다. 사고 수습을 위해 각자의 역할을 분담하면서, 나는 부상자들과 나머지 탑승자들을 리비아 병원에 입원시키기 위해서 리비아의 보건성과 협상하는 일을 맡았다.

그런데 큰 문제가 발생했다. 한국에서 온 근로자들이 "리비아 병원에서 주는 음식을 먹을 수 없으니, 한식을 제공해준다고 약속해야만 병원에 입원해 건강 체크를 받겠다"라고 강력히 저항하는 것이었다. 추락한 비행기에 탑승해 죽을 수도 있었던 사람들이 천행을 입어 살아 있게 된 사실만으로도 무한히 감사해야 할 일인데, 이제 살고 나니 밥투정을 하는 것이다.

당연히 리비아 보건성과 병원 측에서는 난색을 표했다. 그러나 추락의 공포를 겪고, 흥분이 채 가라앉지 않은 근로자들과는 말이 통하지 않았다. 나는 근로자들을 설득하랴, 리비아 보건성 당국자를 설득하랴 진땀을 흘리다가 결국 리비아 당국으로부터 한식의 외부 반입을 허락받고 근로자들의 입원 문제를 일단락 지었다.

그리고 나서 오전 11시 반경 허겁지겁 바이어와의 미팅 장소로 달려갔다. 리비아 정부가 건국한 이래 최대의 사고라며, 바이어들도 온통 항공기 추락 관련 뉴스만 지켜보다가 한국인인 내가 나타나니까 질문 세례를 퍼부었다. 나는 우선 사고 수습차 병원에서 협상하다가 늦어졌다고 사과하고, 그들에게 내가 본 현장 상황을 자세히 설명했다.

그때 바이어의 입에서 나온 이야기는 두고두고 잊을 수가 없다.

"미스터 정, 당신네 국민이 저런 사고를 당했는데 당신이 비즈니스

당신을 만나면 힘이 나요

만을 중요하게 생각해서 아침에 바로 이곳으로 왔다면, 당신은 상종할 인간이 못 되지요. 그들을 돕기 위해 활동하다가 늦은 것이 무슨 문제가 되겠어요? 이번에 당신이 우리에게 팔려고 오퍼를 넣었던 상담 품목에 대해 전부 신용장을 열어 줄 테니, 지금 바로 다시 현장으로 다시 가서 사고 수습에 힘을 보태시길 바랍니다."

너무나도 고마운 말이었다. 또한 그 이상의 격려는 있을 수 없었다. 나는 즉시 대책반으로 돌아가 힘을 보탰다.

그 사고가 발생한 지 3일 후, 다시 프랑크푸르트와 홍콩을 경유해 서울로 들어오는 루프트한자 비행기를 타야 했다. 트리폴리 공항에 도착해 탑승권을 받고 나니, 가슴이 뛰고 등짝에 식은땀이 흘렀다. 괜히 화장실에도 몇 번씩 들락거리면서… 도저히 비행기에 탑승할 수가 없을 것 같았다. 극도의 불안과 두려움을 느끼는 공황장애 현상이 엄습했다. 비행기가 이륙할 때, 또 프랑크푸르트 공항에 착륙할 때, 항공기가 추락한 사고 현장의 참혹한 광경이 생생하게 떠올라 심장이 멎는 줄 알았다. 전장에서 참혹한 죽음을 목격한 퇴역 군인들이 오랫동안 정신적인 고통을 당하는 것처럼, 지금도 비행기에 탑승할 때면 내게는 언제나 그 당시의 모습이 떠오른다.

귀국 후에는 약속대로 리비아의 바이어로부터 주문서인 신용장을 받을 수 있었다. 그들의 따스한 정, 그때 그들이 보여준 이해와 배려의 말들을 잊을 수가 없다.

그 후 그때 목도한 처참한 광경은 평생토록 지워지지 않을 트라우마로 내 기억 속에 남아 도저히 비행기를 탈 수가 없을 것 같았지만, 생업이 무역이라 1년 후부터는 다시 비행기를 타지 않을 수 없었고, 세월이

지나며 차츰 공포감에서 벗어날 수 있었다.

　예측할 수 없는 어려운 상황이 벌어졌을 경우 작은 이익을 좇기보다 무엇이 더 시급하고 더 중요한지 판단해 의연하게 대처하면 의외로 좋은 결과를 얻을 수 있다.

4

세 번이나 당한
일본에서의 교통사고

오사카 주재원 생활 4년 동안 우리 가족과 나는 세 번이나 큰 교통사고를 당하는, 흔하지 않은 경험을 했다. 삶은 그런 역경에 부딪히고 견디내며 살아가는 파란만장, 그 자체다.

오사카 주재원 생활을 시작하고 한 달 정도 되었을 때, 우리 가족은 이 과장 가족과 함께 한 살, 네 살짜리 우리 아들과 다섯 살짜리 이 과장 아이를 1명씩 안은 채 이 과장이 운전하는 차를 타고 고베의 지점장 댁으로 인사를 갔다. 그런데 돌아오는 길에 우리가 타고 있던 차가 고속도로에서 끔찍한 대형 교통사고를 내고 말았다.

주재원으로 발령받고 서둘러 면허를 취득한 이 과장은 아직 초보 운전자였다. 갈 때는 밝은 대낮이어서 아무 탈 없이 잘 갔는데, 밤늦은 귀갓길에 고속화 도로를 달리다 출구를 못 찾아 우왕좌왕하던 중 갑자기 내 눈앞으로 도로의 중앙 분리대가 다가왔다. "쾅!" 하는 순간 나는 의식을 잃고 말았다. 요란한 구급차 소리가 아련히 들리고 누군가가 나를 깨우는 소리에 눈을 떠 보니, 내 얼굴에 낭자한 피가 눈으로 흘러들어 앞이 잘 보이지 않았다. 옆자리의 이 과장을 바라보니 그 역시도 얼굴이 피범벅이 되어 있었다. 작은아들의 머리에서도 피가 많이 흐르고 있었고, 뒷좌석에 앉아 있던 이 과장의 부인도 얼굴에 피를 흘리고 있었다. 그야말로 아수라장이었다.

구급차에 실려 병원으로 이송되는 중에 나는 다시 정신을 잃었고, 수술대에서 수술의 아픈 고통을 느끼며 정신을 차렸다. 그날 우리 일행 중 4명이 응급 수술을 받았다. 다행히 중상자가 나오지 않아 밤늦게 모두 귀가하고, 다음 날 동네 병원에서 치료받기로 했다. 7명의 한국인 가족 중 4명이 붕대를 감고 동네 병원에 들어서는 진풍경에 진료를 기다리던 일본 사람들이 모두 놀라며 수군거렸다.

나를 진료하던 의사가 말했다.

"당신은 지금 안과 병원으로 빨리 가야 해요. 유리 파편으로 안구에 상처를 입어 실명의 위험이 있어요."

가슴이 철렁 내려앉았다. 안경이 박살 나면서 생긴 유리 파편이 눈에 들어간 것 같았다. 의사는 이어서 내 작은아들의 부상에 대해 이야기했다.

"아이가 머리를 많이 다쳤습니다. 응급 병원에서 봉합 치료는 잘했으나 뇌출혈의 위험이 있으니 한 달 내에 토하거나 고열이 나는 등 이상 증세가 나타나면, 즉시 큰 병원으로 가서 뇌 검진을 받아야 합니다."

그 말은 내게 더 충격적이었다.

얼굴을 심하게 다친 이 과장은 상처가 아문 뒤에 성형 수술을 받아야 할 것이라 했고, 이 과장의 부인은 치료만 잘 받으면 되는 상황이었다. 나는 바로 안과 병원에 가서 정밀 검사를 받았다. 다행히 시신경은 다치지 않아서 실명은 피했다. 머리를 다친 작은아들이 혹시 고열이나 두통을 호소할까 봐 노심초사했는데, 다행히 아이의 뇌에는 이상이 없었다.

두 번째 교통사고는 집 앞에서 발생했다.

일본에서의 생활이 1년쯤 지났을 무렵, 가족끼리 외출 후 택시를 타고 집으로 왔다. 집 앞에 택시가 정차하고 내가 트렁크에서 짐을 내리는 순간, "삐익!" 하는 자동차의 급정거 소리가 들려왔다. 반사적으로 몸을 돌려 그쪽을 바라본 순간, 초등학교 1학년생이던 큰아들이 급정거한 승용차의 앞바퀴와 뒷바퀴 사이에 드러누워 있는 광경이 눈앞에 펼쳐졌다. 정신없이 아이를 꺼내 안았다.

짐을 내리기 위해 택시의 트렁크가 열려 있었고, 사람들이 내리느라 택시 문도 열려 있어서 승용차의 운전자가 시야의 방해를 받았던 것인지, 차에서 내려 집 쪽으로 걸어가던 아이를 미처 발견하지 못하고 사고를 낸 것이다. 중년의 여성 운전자는 거의 패닉 상태였다.

구급차가 와서 병원으로 향했고, 초조한 마음으로 아이의 부상에 대한 검사 결과를 기다렸다. 얼마 후, 의사가 우리를 부르더니 엑스레이 사진을 보여주며 말했다.

"무릎 아래 다리뼈에 복합 골절이 발생했는데, 뼈가 심하게 여러 조각으로 잘게 부서져 지금은 도저히 수술할 수 없습니다."

나는 의사의 말을 들으며, 엑스레이 필름을 통해 그 정황을 확인할 수 있었다. 참으로 할 말을 잃을 수밖에 없었다.

"이대로 2주일 정도 깁스하고 경과를 지켜본 후에 수술 여부를 결정하겠습니다. 어린아이들에게서는 의학적으로 설명하기 어려운 기적이 일어나는 경우가 있으니, 열심히 기도하시길 바랍니다."
"기적이라니요? 그러면… 기적이 일어나지 않으면 어떻게 되나요?"

나는 실성한 사람처럼, 그러면서도 애타는 마음을 담아 소리쳐 물었다.

"그때는 조각난 뼈를 긁어내고 철심을 박아 넣는 수술을 해야 하는데… 그 과정에서… 다친 쪽 다리가 짧아지는 불행한 일이 예상됩니다. 아이가 계속 성장할 것이기 때문에 그 성장 과정에 맞춰 몇 번 더 수술해야 하기도 합니다."
"… 한쪽 다리가 짧아진다고요?"

나는 가슴이 찢어지는 듯한 고통을 느꼈다. 몸부림을 가까스로 억제하며 그 자리에 버티고 서 있을 뿐이었다. 아이는 즉시 입원했다. 그리고 기다리는 2주일간의 하루하루는 우리 부부에게 너무나 큰 불안과 고통의 시간이었다. 나는 매일 병실에 들렀다가 출근했고, 집사람은 거의 종일 병원에서 살다시피 했다.

마침내 사고 후 2주일이 되었을 때 의사가 우리를 불렀다. 떨리는 마

당신을 만나면 힘이 나요

음으로 의사가 엑스레이 사진을 내밀어 보여주었다.

"축하합니다. 여기에 가늘게 이어진 선이 보이시지요? 정말 기적적으로 조각난 뼈들이 이어지고 있어요. 수술하지 않아도 지금의 깁스 상태로 조심하며 지내면, 3개월 정도 후에는 퇴원할 수 있습니다."

아이가 입원해 있는 3개월 동안 초등학교 1학년 담임 선생님이 일주일에 2~3차례 병실을 찾아와 학업 지도를 해주셨다. 그 선생님은 아이가 퇴원한 후 감사 인사를 하며 사례를 하려는 우리 부부에게, 교사로서 당연히 할 일을 했다며 선물과 사례를 정중히 거절했다. 너무나도 고마운 선생님이셨다.

아이는 사고를 당한 지 약 3개월 후 퇴원했다. 그 후 일정 기간은 철제 보조 장치를 달고 다녀야 했다. 그리고 그 보조 장치를 떼었을 때는 한쪽 다리가 완전히 가늘어져서 장애인이 된 것 같아 보여 가슴이 미어졌다.

몇 개월 후, 학교에서 운동회가 열렸다. 우리 아들도 달리기 종목에 참여했는데, 우리 눈앞에서 아들이 1등으로 골인하는 게 아닌가! 그때 우리 부부는 서로 부둥켜안고 울음을 터뜨렸다.

"하나님, 감사합니다!"

세 번째 교통사고는 오사카에서 도쿄에 출장을 간 김에 외교관으로 근무하던 친구와 동료 영사 등 4명이 함께 저녁 식사하고 귀가하는 과정에서 발생했다.

우리가 탑승한 차는 고가도로 위 교차로에서 신호를 받기 위해 대기하고 있었다. 앞쪽 도로는 오른쪽으로 살짝 굽은 약간의 내리막길이었고, 우리 차가 정차한 도로의 밑으로 지나가는 길은 고속도로 같았다.

나는 운전석 왼쪽의 조수석에 앉아 있었는데, 신호가 바뀌어 우리 차가 출발하며 서서히 진행하는 순간, 바뀌는 신호를 물고 교차로를 통과하기 위해 왼쪽의 내리막길을 빠른 속도로 달려오는 차가 내 시야에 들어왔다.

"어, 차, 차…!" 하고 내가 소리를 지르는 찰나에 굉음과 함께 충돌사고가 나고 말았다. 달려 내려오던 승용차가 길 건너편의 가로등을 들이받고 멈춰 서는 것이 보였다. 그때 우리 차를 운전하던 외교관이 충격으로 정신을 잃은 듯 핸들을 놓쳤다. 잘못하면 그 아래의 고속도로로 추락할 수도 있는 위험천만한 순간이었다. 나는 재빨리 운전석으로 몸을 돌려 핸들을 틀며 브레이크를 밟았다. 찰나가 10년이 될지, 50년이 될지 모르는 시간과 맞물려 소용돌이친 그 순간은 그렇게 내 곁을 훑으며 지나갔다.

우리 차는 앞쪽 엔진룸 부분이 심하게 부서져 있었다. 만약 우리 차가 50cm만 더 진행한 상태에서 사고를 당했다면, 조수석에 앉아 있던 나는 지금 이 세상에 없었을지도 모른다.

사고를 낸 가해 승용차 운전자는 우리가 보는 앞에서 바로 수갑을 차고 경찰차에 태워졌다. 음주 상태에서 신호가 바뀌는 시점에 교차로를 통과하려고 속도를 더 낸 것이 사고의 원인이었던 것 같았다.

외국 주재원 생활을 하며 세 번씩이나 교통사고를 겪을 당시에는 번번이 힘들었지만, 견뎌내다 보니 그 또한 지나간 추억이 되었다.

당신을 만나면 힘이 나요

큰 불행을 당하면 그 당시에는 힘들지만 더 큰 불행이 뒤따르지 않아 다행이었다라고 생각하면 되고, 또 모든 힘든 고통은 반드시 지나가게 마련이다. 지금의 고통이나 역경에 좌절하지 말고, 앞을 보고 열심히 살아가면 되는 것이다.

5

야쿠자들로부터
생명의 위협을 받다

4년간 오사카 주재원 생활을 마칠 무렵, 도쿄에 큰 사건이 터졌으니 즉시 해결에 임하라는 김우중 회장실의 특명을 받았다. 야쿠자들에게서 나와 가족의 생명까지 위협당하면서 해결사 임무를 수행하는 위험천만한 경험을 통해 나는 더욱 강인해졌다.

사건이 발각된 즉시 도쿄 지점장과 담당 유 부장, 담당 일본인이 즉시 직무에서 배제가 되고, 사건 처리를 위해 서울에서 윤 지점장, 런던에서 금융 부문 이 이사, 그리고 내가 오사카에서 차출되어 사건 처리에 임했다. 즉시 도쿄로 가서 사건의 개요를 살펴보니 어마어마한 규모의 외상 매출 미수금, 한 뭉치의 받을 어음과 부도 어음, 담보 물건, 그리고 창고에 가득 찬 재고 등의 처리, 펑크 난 자금 문제 해결 등 보통 난제가 아니었다.

사건이 밖으로 알려지면 일본 거래선들에게 신용도가 떨어져 그룹의 원자재 조달에 애로 사항이 생기고, 또 그 손실을 편법으로 처리하는 것은 외환관리법상 큰 문제가 되기 때문에 철저한 대외비로 하라는 함구령이 내려졌다. 그래서 대우 무역 부문의 서 사장님과 고교 선배이신 엄 전무님이 사건 개요를 살짝 귀띔만 해달라고 이야기해왔어도 입을 닫는 바람에 상당히 섭섭하다는 말을 듣기도 했다.

사건을 일으킨 유 부장은 이미 모든 것을 체념한 상태여서 책상 열쇠와 서류 뭉치들만 덜렁 던져주고는 사라져버렸다. 그야말로 어둠 속에서 더듬더듬 물건을 찾아 정리해가는 기분으로 서류를 살펴보니 정상적인 상거래라고 하기가 어려웠다. 불현듯 야쿠자 조직이 뒤에 도사리고 있는 듯한 느낌을 받았다.

그런 상황에서 상대방들을 만나 채권을 회수해야 하고, 재고가 쌓인 창고에도 드나들어야 하므로 나는 출근 시 양복 대신에 청바지에 가죽 점퍼 차림을 했다. 채무자들을 만날 때 오사카 사투리를 진하게 쓰며, 도무지 그 배경을 알 수 없는 베일에 가려진 해결사로 보여야 했다.

1984년 당시 한국은 대일 무역 역조 현상을 시정하는 게 국가적 과제였다. 대우그룹도 단시간에 대일 수출을 획기적으로 늘리기 위해 도요멘카 서울 지점 출신의 유 부장을 스카우트해 도쿄로 파견했다. 그런데 지금도 그렇지만, 당시의 한국 기업들은 일본의 까다로운 품질 기준을 맞추기도 어려웠을 뿐 아니라 조금씩 신뢰를 쌓아가며 점진적으로 거래를 확대해야 하는데, 일시적으로 크게 실적을 올리려다 보니 사달이 나기에 십상이었다. 일본의 독특한 상거래 관습과 유통 구조 등의 장벽을 뚫지 못해 시장 확대의 전선에서 고전하던 유 부장 앞에 팔고자 하는 물건들을 얼마든지 사주겠다는 구세주 같은 사람들이 나타났으니, 바로 니시야마(西山) 사장 등 자기들끼리 서로 알고 지내는 몇몇 회사의 일당이었다.

　서류를 보다가 야쿠자가 연루된 듯한 냄새가 진하게 나서 잘 아는 고베의 야쿠자 형님에게 자초지종을 설명했더니, 아무래도 도쿄의 다른 조직이 개입된 것 같다며 조사착수금으로 2억 엔을 요구했다. 그리고 채권 회수금액의 30% 정도를 성공 보수로 요구했다. 또 하나의 조건은 조사 결과 그 돈이 다른 조직의 보스 클래스까지 흘러 들어갔다고 확인되면 더 이상 손을 댈 수가 없게 된다며, 그렇게 되더라도 착수금 반환은 불가하다는 것이었다.

　지점장께 그 내용을 보고했더니 펄쩍 뛰면서 "그런 돈은 줄 수 없으니 정 과장 자네가 혼자 해결해!"라고 자르듯이 말했다. 형님께 죄송하게 되었다고 이야기했더니 "그러면 자네가 일 처리를 하는 과정에 어려움이 많고 신변에 위험도 닥칠 텐데, 그때는 우리가 도와줄게. 자네를 위협하는 자가 있을 경우, 2명까지는 그자들이 두 번 다시 자네 앞에 나타나지 못하도록 제거해줄게"라고 말하는 것이 아닌가. 그 이야기를 들으니 마음이 든든했고, 그 약속 덕분에 그 이후로 강력한 채권 회수 활동을 할 수가 있었다.

　고베의 야쿠자 형님은 내가 일본으로 발령받은 직후에 대우 부산 공장의 박 이사님이 자신과 친구 사이라며 소개해주신 분이다. 그래서 가끔 찾아뵙고 함께 술도 마시고 했는데, 그분이 나를 데리고 가는 술집 분위기가 좀 이상하기는 했지만, 그저 그러려니 했다. 그런데 어느 날 고베 부두에 수입품 완두콩 재고가 많은데 좀 팔아 달라고 부탁하기에, 대우 도쿄 지점의 농수산물 담당자에게 사람을 소개받아 팔아 드렸다. 그리고 생선 재고도 팔아 드렸다. 그렇게 몇 건 도와드렸는데, 어느 날 고맙다고 술 한잔을 사시면서, "자네는 이제 우리의 무역 고문일세. 하하하…!"라고 하는 게 아닌가. 그때도 그저 그러려니 했다.

그런데 얼마 후 고베 사무실에서 보자고 해서 들렀는데, 그 형님이 안 계시고 기다려 달라는 전화만 와 있었다. 2시간쯤 지나서 그 형님이 와서 이렇게 말씀하셨다.

"미안, 미안. 동생, 아침에 신문 보았지? 어제 총격전으로 내 밑에 있는 애들이 구속되었어. 한 2~3년 들어갔다 나와야 해. 그래서 그 가족들에게 생활비 좀 주고 오느라 늦었어."

그때 '아, 이 형님이 야쿠자 조직의 중간 보스로구나!' 하는 생각이 머릿속을 스쳤고, 함께 갔던 술집에 있던 손님들 대부분이 머리를 짧게 깎았거나 좌우간 차림새가 좀 달랐다는 것이 생각났다. 그랬던 형님이 사건 처리 도중에 나를 크게 괴롭히는 자가 있으면 제거해주겠다고 하니, 마음이 든든했다.

어느 날, 가장 큰 채무자인 니시야마 사장의 사무실을 방문했다. 머리를 짧게 깎고 체구가 딴딴한 친구가 사장실 입구에서 나를 노려보며 무언의 압력을 가하는 듯했다. 채권 회수를 위해 한참 동안 니시야마 사장과 실랑이하다 보니 점심시간이 되었다. 니시야마 사장은 저 앞에서 기다리는 사람과 식사하겠다며 나더러 그만 돌아가 달라고 하며, 은근히 내 뱃심을 저울질하며 떠보는 것 같았다. 나는 이럴 때야말로 기선을 제압할 필요가 있다고 느껴서 "무슨 소리야? 식사는 나와 같이해야지!" 하면서 그의 팔을 잡아끌고 사장실에서 나오면서, 그 머리 짧은 친구가 들으라는 듯이 오사카 사투리로 "저런 졸병은 도시락이나 하나 사줘라"라고 내뱉었다.

내 작전은 어느 정도 먹혀들어 가는 것 같았다. '도대체 오사카에서 갑자기 나타난 이 친구는 누굴까?' 그들은 나의 정체가 매우 궁금한 모양이었다.

나는 다른 채무자들과도 힘 싸움과 기 싸움을 이어갔다. 어느 날 저녁에는 불이 다 꺼진 빌딩에 있는 자기들의 사무실로 나를 불러 당좌수표(小切手) 3,000만 엔을 주며 영수증을 쓰게도 했다. 야쿠자 조직원들로 보이는 사람들이 여러 명 둘러앉아 있는 가운데, 나는 혼자였다. "이런 적은 돈을 주려고 나를 여기까지 오게 했냐? 앞으로 이 정도의 금액은 직원을 보내 수금할 테니, 그리 알라"고 호기롭게 떠들자, 그들이 오히려 당황해하는 눈치였다. 당좌수표를 받아 셔츠 윗주머니에 넣고 사무실에서 나와 택시를 타고 나서야 비로소 안도의 숨을 내쉬며 셔츠 주머니에 넣었던 수표를 꺼내 보았다. 수표가 땀으로 젖어 있었다. 극도로 긴장한 탓에 진땀을 흘렸던 것이다. 참으로 위험천만한 수금 경험이었다.

한번은 퇴근 무렵 사무실 앞에 검은 세단 두 대가 와서 기다리며 지점장을 모시겠다고 해서 지점장님을 뒷문으로 피신시키고 내가 나가서 대응하기도 했다.

그 후 그들로부터 우리 집 위치와 애들 학교를 들먹이며 무사하지 못할 것이라고 올러대는 협박도 받았다. 그래서 지점장에게 당분간 가족을 서울로 피신시켜야겠다고 상의했지만, 극비 사항이라 본사의 해외 관리 담당자에게 가족의 중도 귀국 사유를 설명하기 어려우니 그냥 알아서 해결하라는 답변만 받았다.

인적이 드문 창고에서 현금을 받고 재고 상품을 팔 때는 경리 담당인 구 과장과 동행했다. 돈을 받으면 구 과장은 바로 회사로 돌려보내고, 나 혼자서 출고하다가 그들과 싸움이 붙기도 하는 위험한 장면도 몇 차례 있었다. 그런 위험 속에서도 나는 채무자들을 끈기 있게 쫓아다니며, 협박도 하고 회유도 해가며 사건 처리에 임해 약 2년에 걸쳐서 채권 회수와 담보 물건 처리, 그리고 재고 판매를 거의 완결 지었다.

어떤 험난한 상황에 부닥치게 되더라도 용기를 가지고 당당히 맞서며 노력하면 얼마든지 할 수 있고, 그런 경험이 여러분을 더욱 강하게 만들어줄 것이다.

6

수출 직전에 하청 공장이
파산한 위기

무역회사 창업 후 처음으로 일본 수출용 가방 주문을 받아 생산을 의
뢰했는데, 납기 일주일 전에 검사차 공장을 방문했더니 그 전날 회사가
파산해 아수라장이 되어 있었다. 그 위기가 전화위복이 되었다.

무역회사를 창업해 작은 주문이라도 받으러 뛰어다니던 때 힐튼호텔
로비에서 일본에서 알고 지내던 코모도 컴퓨터 회사의 스즈키 상을 우
연히 만났다. 반갑게 인사를 나누며 무역회사 명함을 건넸더니, 회사를
창업했느냐며 축하 인사와 함께 "노트북 컴퓨터용 가방 1,000개만 만
들어줄 수 있겠느냐?"라고 물어왔다.

가방 1,000개의 소량 주문이어서 일단 "스즈키 상이 원하는 가격으
로 납품할 수 있습니다"라고 답하고, 샘플을 받아 왔다. 생산 원가는 잘
몰랐지만 크게 손해 볼 일이 없을 것 같았다. 그래서 가방을 잘 아는 친
구에게 가방 공장을 소개받아 생산을 의뢰했다. 그런데 선적을 일주일

남겨 놓고 검사차 공장을 찾아갔더니, 그 바로 전날에 회사가 부도 처리되는 바람에 아수라장이 되어 있었던 것이다.

기가 막혀 어쩔 줄 몰라 하던 나에게 공장장이라는 사람이 다가와서는 무슨 주문을 넣었느냐고 물어보길래, 노트북 가방 1,000개라고 이야기했더니 이렇게 말했다.

"사장님, 딱하게 되셨네요. 저 역시 회사가 부도나서 직장을 잃게 되었습니다. 사장님 같은 처지의 분들이 저를 믿고 원자재를 사주고 생산비를 선금으로 주시면 제가 지하에 작은 장소라도 급히 임대해서 우선 미싱 몇 대를 사서 바로 만들어드리겠습니다. 사장님 이외의 분들에게도 같은 제안을 해서 생산을 늘려가면, 서로 윈윈할 수 있지 않겠습니까?"

'잘 알지도 못하는데… 공장장이라는 이 사람에게 원자재를 사주고, 생산 공임까지 선불로 주어야 하나?' 순간 망설였지만, 납기 시일이 촉박한 데다 뾰족한 대안이 떠오르지 않아 그가 제안한 대로 하기로 했다.

마침내 납기를 10일쯤 지난 시점에 생산이 완료되었고, 가방 1,000개에 대해 직접 개별 품질 검사까지 마쳤다. 원래는 선적하는 조건이었지만, 항공 편으로 물건을 보내며 자초지종을 상세히 설명하면서 납기 지연에 대해 정중히 사과했다.

그렇게 한 뒤 잊고 있었는데, 2~3개월 후부터 2,000개, 5,000개, 10,000개씩 주문량이 계속 늘었다. 처음에는 원가도 모르는 상태에서

1,000개를 주문받았는데, 원자재를 사주며 공장과 직거래를 하다 보니 개당 6달러 정도의 흑자가 났다. 소수 직원이 있는 작은 무역회사가 엄청난 흑자를 내기 시작한 것이다. 가방 공장의 부도가 내게는 오히려 전화위복이 되었던 셈이다.

일본 쪽과의 비즈니스는 신뢰가 생명이다. 나 역시 신뢰받는 관계를 구축해가고 싶었다. 10,000개씩 두 번을 선적한 시점에 일본으로 가서 스즈키 상에게 "처음에 제시한 금액은 1,000개를 기준으로 한 가격이었는데, 주문 수량이 늘면서 흑자가 너무 많이 납니다. 비싸게 구입하는 것을 상사가 알면 스즈키 상의 입장이 거북해질 것이니 제품 단가를 내리겠습니다"라고 말했다. 그 말을 들은 스즈키 상이 놀라는 눈으로 나를 쳐다보더니, "제가 여러 해 동안 구매 담당을 해오면서 흑자가 많이 난다고 가격을 내리겠다고 자기 발로 찾아오는 거래선은 처음 봅니다"라고 말하며 웃었다. 그러더니 "노트북 한 대의 가격에 비해 가방이 차지하는 가격은 미미하니 별 영향을 미치지 않습니다. 그냥 정해진 가격으로 계속 공급해주십시오"라고 했다.

그 상태대로 계속 주문이 들어오면서 큰돈을 벌겠다고 좋아하던 어느 날, 스즈키 상에게서 전화가 왔다.

"정 상, 대단히 죄송하게 되었습니다. 이제 가방 공급을 못 받겠어요. 노트북 판매가 저조해져서 문제가 생겼습니다."

이미 20,000개 이상의 원자재 발주도 추가로 마친 상태였고, 생산 중인 분량도 있어서 순간 할 말을 잃은 나에게 스즈키 상이 말했다.

"현재의 원자재 발주분까지는 모두 완성해서 선적해주세요. 갑자기 거래를 중단하게 되어 대단히 죄송합니다."

스즈키 상은 그렇게 내가 조금도 손해를 보지 않도록 배려해주었다.

신뢰는 그 무엇보다도 중요한 덕목이다. 비즈니스에서도, 삶에서도 신뢰를 바탕으로 그 위기를 잘 극복하면 반드시 새로운 기회와 보상이 따른다.

7
—

창업하자마자 기다린
유혹과 배신

직장생활은 규칙이 있는 스포츠 게임과 같지만, 창업해보니 승자만이 살아남는 정글의 생존경쟁 게임이었다. 나는 1라운드에 들어서자마자 등 뒤를 비수에 찔리고 말았는데, 그것이 큰 교훈이 되어 그 후 사업에서 더 큰 화를 당하지 않았다.

아주 갑자기 회사에 사표를 낸 지 불과 며칠 후, 소문을 들었다며 청화상공의 이 사장이 찾아왔다.

"정 부장님, 우리 회사가 상장 기업이 된 것은 정 부장님께서 10년 전에 일본에서 수입하던 고가의 특수 원단을 저희가 개발하도록 도와주신 덕분입니다. 정 부장님께서 일본 주재원으로 가신 후에 성공적으로 개발이 완료되어 대구의 작은 직물회사였던 저희가 지금의 상장 기업으로 성장할 수 있었습니다."

당신을 만나면 힘이 나요

"그렇게 말씀해주시니 고맙습니다만, 그건 다 이 사장님께서 노력하신 결과이지요."

"그런데 제가 상장 기업의 사장이 되고 보니 은행과 금융 문제도 다루어야 하고, 영업 확대를 위해 해외 수출도 늘려야 하는데… 엔지니어 출신인 저는 아무래도 상장 기업의 사장으로는 능력이 부족하다는 것을 절감하고 있습니다."

그러면서 진지한 제안을 해왔다.

"대주주인 저의 아저씨와 상의한 결과, 정 부장님을 저희 청화상공의 새로운 사장으로 모시기로 합의했습니다."

직속 상사인 상무가 일본 현지 의류 판매 법인 설립 프로젝트를 추진하자, 성급하게 뛰어들면 절대로 안 된다고 극구 반대했던 나에게 그 현지 법인 책임자로 나가라는 김우중 회장의 직접 명령을 받았다. 실패할 것이 눈에 빤히 보이는 사업이었으나 회장이 직접 내린 명령을 거역할 수도 없는, 진퇴양난의 상황에서 고민한 끝에 특별한 계획 없이 갑자기 사표를 내고 직장생활을 마감한 나에게 찾아온 달콤한 제안이었다.

그런데 직장생활만 하던 내가 창졸간에 상장 기업의 사장으로 취임하는 것은 문제가 있다는 생각이 들었다.

"이 사장님의 말씀은 고맙지만, 너무 갑작스러운 제안이라 부담스럽습니다. 한 1년간은 제가 등기이사로 회의에 자주 참석하면서 경영 전반을 어느 정도 익힌 연후에 내년 주총 때 정식으로 사장으로 취임하면 어떻겠습니까?"

"그렇습니까? 그게 더 좋겠습니다. 마침 청화정보산업이라는 자회사를 설립하려고 준비 중인데… 인원 구성은 다 되었고, 사장은 저의 친한 친구 동생을 염두에 두고 있는데, 우선 그 회사의 사장으로 취임해 주십시오. 친구의 동생은 이사로 같이 일하게 하다가 1년 후에 그 사람에게 회사를 넘겨주시고, 우리 회사의 대표로 오시면 되겠습니다."

그렇게 해서 청화상공의 등기이사 겸 청화정보산업의 사장으로 취임하면서 청화정보산업에 투자도 했다. 그런데 IT 사업 분야는 나에게 너무 생소해서 장비 구입 등 대부분의 일을 1년 후 사장이 될 김 이사에게 일임했다.

회사 설립과 장비 구입 등으로 정신없이 분주하던 어느 날, 김 부장이 사장실로 들어왔다.

"사장님, 저희 같은 사람들을 거두어 주시고 인간적으로 잘 대해주시니… 사장님은 하늘이 내린 저희의 은인이십니다. 사장님, 존경합니다."

"에이, 은인은 무슨… 그런데 여러분 같은 사람들이라는 말이 도대체 무슨 뜻입니까?"

"사장님, 다 알고 계시잖아요? 청화상공 이 사장님도 알고 계실 텐데요."

"글쎄요… 저는 무슨 말인지 모르는 이야기입니다. 좀 상세히 이야기해주세요."

"아, 그러시군요. 모르셨군요. 사실 저희는 전 회사에서 모두 같이 근

당신을 만나면 힘이 나요

무했습니다. 그때 사장이었던… 지금의 김 이사께서 삼성, L/G 등을 상대로… 신문에 뉴스로도 나왔던 큰 문제를 일으켜서 사기죄로 고소당했고… 2년간 수감 생활을 했습니다. 이제 출감하신 지 5~6개월쯤 되셨지요.”

내게는 청천벽력 같은 이야기였다. 갑자기 불안감이 엄습했다. 그래서 김 이사를 데리고 컴퓨터 등 여러 장비를 구입한 거래처를 방문했다.

“정 사장님에 대한 말씀은 많이 들었습니다. 청화정보산업은 상장기업인 청화상공의 자회사이고, 정 사장님의 경력도 잘 알고 있어서 저희가 팍팍 밀어 드리기로 했습니다. 이렇게 일부러 찾아오지 않으셔도 장비 대금 독촉은 하지 않겠습니다. 천천히 지불하셔도 좋습니다.”
“…???….”

순식간에 김 이사의 얼굴색이 바뀌었다. 그는 그 자리에서 무릎을 꿇으면서 말했다.

“죄송합니다. 사장님이 결재하신 장비 대금은 제가 사정이 급해서 다른 곳에 썼습니다. 곧 정리하겠습니다.”

기가 막힌 일이었다. 그 후 방문한 다른 거래선에서도 비슷한 상황이 벌어지고 있었다. 이런 직원들과 회사 경영을 계속할 수는 없는 노릇이었다. 바로 청화상공의 이 사장을 찾아갔다.

"이 사장님이 뽑아 놓은 친구 동생이라는 김 이사가 사기죄로 감옥에도 갔다 온 사람이라면서요? 이번에 또 이런 일을 저질렀으니, 함께 사태를 수습해주셔야 하겠습니다."

"정 사장님, 회사 관리를 그렇게 허술하게 하시면 어떻게 합니까? 내가 시킨 것도 아니고… 정 사장님께서 알아서 해결하셔야지요. 저희는 도와드릴 수가 없고, 책임도 없습니다."

매정하고 냉정했다. 사업을 시작한 1라운드에서부터 등 뒤를 비수에 찔리고 만 것이다.

개업식 때도 많은 사람을 초대해서 폼을 잔뜩 잡았는데, 망신스럽고 기가 막혔다. 눈앞이 캄캄해서 어찌할 바를 몰랐고, 종잡을 수 없었다. 현실을 부정하고 싶었다. 도피하고 싶었다. '내가 없어져 버리면 될까?' 싶어 한강 다리에도 가보았다.

그렇게 며칠을 고민하다가 정신을 차리고는 우선 회사를 정리하는 작업을 시작했다. 새로 구입한 장비와 사무 집기들을 모두 헐값에 처분하고, 직장을 잃게 된 직원들에게 위로금도 지급했다. 물질적으로도 손해가 컸지만, 정신적으로도 청화상공 이 사장의 배은망덕한 언행에 극심한 분노와 좌절감이 몰려왔다. 즉시 청화상공의 이사직 사임계를 내는 것으로 그와의 관계를 정리하고, 작은 무역회사로 새롭게 시작했다.

그로부터 정확하게 1년 2개월 후 청화상공은 부도를 냈고, 이 사장은 미국으로 도주했다는 뉴스가 떴다.

알고 보니 상장 후에 대주주가 돈을 다 챙기고 회사를 빈껍데기로 만든 것이었다. 위험을 감지한 이 사장이 나를 사장으로 취임시켜 자기 대신 나를 희생양으로 삼을 계획이었던 것이다. 청화상공 직원들에게도 모두 회사 주식을 사게 했고, 간부 중역들에게 담보까지 제공하게 해서 대참사를 일으킨 것이다.

대기업이나 공직자 출신들이 퇴직 후 달콤한 제안에 혹해서 발을 담 갔다가 당하는 일이 비일비재하다는 이야기는 들었지만, 내가 바로 걸려들 뻔할 줄이야…! 그때 덜컥 청화상공의 대표로 취임했더라면 내 인생 최대의 비극을 피할 수 없었을 것이다.

쉽게 찾아온 행운은 독이 될 수 있다. 쉽게 행운이 오기를 기대하지 말고, 뜻밖의 기회가 찾아오더라도 왜 나에게 찾아왔는지 생각해보고 행동할 필요가 있다.

8

___

직원들이 아무도 출근하지 않은
황당한 사건

'어…? 오늘이 일요일인가?'

해외 출장에서 돌아와 출근한 월요일 아침, 무슨 일인지 직원들이 1명도 출근하지 않았다. 알아보니 핵심 간부 이 부장이 모종의 사고를 저질렀는데, 이 부장의 사표 수리를 요구하며, 사원들 전원이 출근을 거부한 것이다. 당장 이 부장을 해고할 수도 없고, 그렇다고 직원들의 사표를 다 받을 수도 없는 딜레마에 빠졌다.

무역회사를 창업해서 1년 정도 되었을 무렵이었다. 남자 직원 3명, 여자 직원 3명의 작은 조직이었는데, 대만에 세일즈 출장을 다녀온 직후 월요일 아침에 직원들이 아무도 출근하지 않았다. 당황한 나는 이 부장에게 전화를 걸었다.

"이 부장, 이게 무슨 일입니까? 아무도 출근하지 않았네요?"

"사장님, 죄송합니다. 제가 출근을 할 수가 없는 상황이라… 나중에 말씀드리겠습니다."

"나중은 무슨 나중입니까? 지금 빨리 와서 설명하세요."

그로부터 2시간 정도 지났을 때, 얼굴에 붕대를 칭칭 감은 이 부장이 나타났다.

"많이 다쳤구먼. 어떻게 된 일인지 이야기 좀 해봐요."

"사장님, 제가 죽을죄를 지었습니다. 토요일 오후에 다른 직원들은 다 퇴근하고… 여직원 혼자와 제가 잔업을 하고 있었는데… 그 여직원이 컴퓨터 작업을 하다가 저에게 좀 도와달라고 했어요. 그래서 그 여직원의 자리로 가서… 뒤에서 작업을 도와주었는데… 한여름에 앞가슴이 탁 트인 옷차림을 한 모습이 너무 자극적이어서… 순간 정신이 혼미해… 저도 모르게 제자리로 돌아와서… 흥분을 자제하지 못하는 행동을 하고 말았습니다. 그 여직원에게는 손도 대지 않았습니다. 그런데 그 여직원이 저의 행동을 보고는 소리를 지르며, 자기 남자 친구를 회사로 부르고… 그렇게 해서 문제가 커졌어요."

"그 남자 친구와 격투라도 했나요?"

"아닙니다. 제가 잘못한 것이어서… 일방적으로 폭행당했습니다. 이렇게 얼굴이 엉망이 되도록 두들겨 맞았습니다. 그런데 그 여직원이 그 상황을 전화로 다른 직원들 모두에게 알렸나 봅니다."

어처구니가 없는 상황이었다. 요즈음 같았으면 이 부장 자신은 소송을 당하고, 회사도 큰 곤경에 처할 일이었다.

"사장님, 죽을죄를 지었습니다. 제가 사표를 내겠습니다. 제가 나가면 다 해결될 겁니다."

이 부장은 곧 죽을 것처럼 기어들어 가는 목소리로 머리를 조아리며 빌었다.

"이 부장의 죄는 괘씸하지만, 이 부장과 함께 진행 중인 프로젝트들이 여러 건인데, 지금 사표를 내고 나가면 나보고 회사 문 닫으라는 소리나 마찬가지 아닙니까?"
"사장님, 죽을죄를 지은 제가… 어떤 처분이라도 달게 받고 시키는 대로 하겠습니다."

이 부장은 눈물을 흘리며 계속 잘못했다고 용서를 빌었다.

"그러면 직원들에게 자초지종을 다시 설명하고, 앞으로 두 번 다시 그 같은 행동을 하면 민형사상의 어떤 책임도 다 지겠다고 무릎을 꿇고 용서를 빌어 봅시다. 사장인 나도 연대책임을 지겠다고 약속하겠습니다. 그렇게 해도 직원들이 이 부장을 용서하지 않으면, 그때 가서 다시 방안을 연구해봅시다."

상황을 파악한 나는 직원들에게 개별적으로 전화를 걸어 설명하기 시작했다. 그리고 아무리 큰 죄를 지은 죄인이라고 해도 단칼에 사형에 처하지는 않으니, 일단 출근해 이 부장에게서 상황 설명을 직접 듣고 용서를 빌 기회를 주자고 설득했다. 그래도 용서할 수 없으면 사표

당신을 만나면 힘이 나요

를 쓰라고 했다.

이 부장은 약속대로 직원들 앞에서 무릎을 꿇고 사죄하며 용서를 구했고, 재발 시 어떤 처벌도 달게 받겠다는 각서도 썼다.

그런 노력을 했는데도 피해 여성을 포함한 3명이 사표를 제출해서 남자 직원 1명과 여직원 1명만 남게 되었다. 그렇게 한차례 태풍이 휩쓸고 간 중소기업을 이끌어 가기 위해 새로운 직원을 채용해가며 분위기를 수습하느라 너무 힘들었다.

그런데 용서의 힘은 컸다.

이 부장은 그 사건 이후 3년 동안 정말로 헌신적이고 모범적으로 일해 상당한 영업 성과를 올렸다. 덕분에 회사에도 많은 흑자가 났다. 이 부장은 의정부에 30평짜리 아파트가 있었는데, 돈이 모자라 전세를 주고 자기는 작은 집에 세 들어 살고 있었다. 나는 회사에 큰 흑자를 가져오도록 헌신한 3년간의 공로를 인정해서 연말에 거액의 공로금을 주어 전세 세입자를 내보내고 자기 집에 입주하도록 해주었다. 그랬더니 그는 감격해하며 눈물을 흘렸고, 그 후에도 정말로 열심히 일했다.

사업을 하면서 이와 같은 역경에 처한 게 한두 번이 아니었다. 한번은 직원들 월급을 은행에서 현금으로 찾아오던 시절에 경리 여직원 혼자 보내기가 걱정되어 1명을 같이 보내기까지 한 적이 있었다. 그런데 은행 문을 나서다가 오토바이 날치기범들에게 몽땅 털린 사건이 발생했다. 그때 여직원은 울면서 어떻게든 변상하겠다고 했지만, 용서하고 책임을 묻지 않았더니 그 후 두 번 다시 사고를 일으키지 않고 충실히 일했다.

용서의 힘은 크다. 관계를 더욱 긍정적으로 만들고 힘과 용기를 준다. 용서가 쉽지는 않지만, 용서하는 과정에서 상대방에게 힘이 되고 더 나은 자신을 만들어준다.

9

잃어보아야 알게 되는 것

젊을 때는 언제나 건강할 것 같다. 병은 남의 이야기로 들리고, 폭음, 금주, 과로 등을 주의하라는 어른들의 이야기를 흘려듣게 되어 있다. 그러나 건강을 잃게 되면 그 소중함을 절실히 느끼게 된다. 건강뿐이 아니다.

신입 사원으로 입사해서 늦게까지 일하고, 퇴근 무렵이면 알코올 중독에 가까운 상사에게 이끌려 밤이 늦도록 술자리에 붙들려 있다가 귀가해서 자려고 하면 한 살짜리 어린 아들이 우는 바람에 잠을 설치고… 그런 생활이 이어지던 어느 날, 목에 조그만 혹이 생기더니 점점 커져갔다. 작은 병원이지만 실력이 좋다는 정형외과를 소개받아 진찰받고, 조직 검사를 위해 조직을 조금 떼어냈다.

"검사 결과는 1~2주일 후에 나오는데… 결과가 나와 봐야 알겠지만,

세 가지로 추측이 됩니다. 첫째는 단순한 혹이고, 둘째는 결핵성 임파 선염이고, 셋째는 암입니다."

당시에는 조직 검사 샘플을 큰 병원에 보내 검사 결과를 받는 데 약 2주일이 걸렸다. 암일 수도 있다니 눈앞이 캄캄했다. 비축해둔 돈도 없고, 아이는 아직 어리고, 부모님에게 기댈 상황은 전혀 아니었다. 검사 결과를 기다리는 그 2주일은 정말 길었고, 온갖 생각을 다 하게 만들었다. 2주일 후에 병원을 찾아가 의사로부터 조직 검사 결과를 들었다.

"다행히 암은 아닌데, 결핵균이 임파선에 침투했어요. 약으로 다스리기는 늦었기 때문에 일단 수술을 해서 염증 주머니들을 제거하고, 약 1년 정도는 주사도 맞고 결핵약을 복용해야 합니다."

건강에는 자신이 있었던 나에게 결핵이 찾아오다니 도저히 믿기지 않았다.

즉시 수술받았다. 의사는 생각보다 염증이 많이 퍼져 있어서 수술 시간이 오래 걸렸다며, "이제부터는 절대로 피로한 상태가 되지 않도록 하고, 술은 반드시 금해야 합니다"라는 말을 덧붙였다. 감사하게도 자연스럽게 알코올 환경에서 벗어날 수 있게 되었다.

수술 후, 입원하라는 의사 선생님의 지시가 있었지만, 경제적으로 어려운 형편에서 입원비 마련도 쉽지 않았고, 더욱이 대우는 출결 상황이 나쁘면 그다음 해의 인사 심사에서 승급이 누락되는 제도가 있어서 입원을 이유로 결근할 수도 없었다. 의사 선생님께는 집이 가까우니 통원 치료받겠다고 우겨, 수술 후 바로 집으로 왔다.

　다음 날, 목에 붕대를 감은 채로 회사에 출근했더니 모두 놀라서 연유를 물어왔다. 목에 조그만 혹이 생겨 그것을 제거했다고 답하고 업무를 시작했다. 그런데 점심시간 무렵, 갑자기 사무실 천장과 책상이 빙글빙글 돌아가는 것 같은 심한 어지럼증이 생겨 앉아 있을 수가 없었다. 수술 시 다량의 출혈이 있었던 게 원인인 것 같았다.

　과장님께 이실직고를 했더니 빨리 병원에 가보라고 했다. 하는 수 없이 바로 병원으로 갔다. 나를 대면한 의사 선생님이 의아해하는 낯빛으로 물었다.

"병원에 오는데 웬 양복에 넥타이까지 매고 왔어요?"

거짓말로 답할 수는 없었다.

"사실은… 회사에 출근했다가 오는 길입니다."

　그 말을 들은 의사는 크게 화를 냈다. 내일부터는 절대로 출근하지 않겠다는 약속을 하고, 주사를 맞은 뒤에 집으로 와서 쉬었다. 부모님께는 걱정을 끼쳐 드리고 싶지 않아 수술받은 사실을 말씀드리지 않았다.

　그로부터 약 한 달 정도는 오전 근무만 하고, 오후에는 외근 처리를 해주는 과장님의 고마운 배려로, 오전에 출근했다가 집에 와서 양복은 벗어 놓고 병원에 가기를 반복했다. 요즈음 같으면 나의 그런 행동은 도저히 이해할 수 없다고들 할 것이다.

그렇게 1년 이상 약을 복용하고, 주사를 맞고 하면서 만성 피로감도 어느 정도 사라지고 몸 컨디션도 회복되어가던 어느 날 의사 선생님이 같이 술 한잔하자고 하셨다. 반드시 금주할 것을 명하시더니… 의사의 감시하에 약간 마시는 술은 문제없다고 하시면서, "자네처럼 수술 후에 입원도 하지 않고, 계속 회사에 다니는 사람은 처음 보았네. 그런 강한 의지가 아주 마음에 드네"라고 하셨다.

회복 후 나는 건강을 과신하지 않게 되었고, 술을 절제하고 무리하지 않도록 애쓰며 절제된 생활을 해서 지금까지 아주 건강하게 지내는 편이다.

건강, 돈, 직업, 가족의 중요성을 평소에는 그 소중함을 잘 모르고 지낸다. 젊을수록 더 그렇다. 그러나 잃어보면 그것이 얼마나 소중한지 절실하게 느끼게 된다.

당신을 만나면 힘이 나요

10

멀쩡한 회사를 문 닫게 한
한마디 실수

　일본 제1의 교육 그룹 베네세(BENESSE)가 한국 진출을 위해 사장을
뽑는다는 소식을 친구를 통해 들었다. 나는 그들의 한국 진출을 지원하
는 경영 컨설팅 업무를 수주할 수 있는 절호의 기회라고 판단해서 그
회사 인사팀을 만났는데, 그들의 함정에 빠진 나의 순간적인 말 한마디
로 멀쩡히 운영하고 있던 회사를 문 닫고 말았다.

　베네세와 미팅 전에 미리 이력서와 소개서를 보냈고, 한국으로 출
장을 온 베네세 인사팀을 만나러 약속 시간에 미팅 장소에 갔다. 그들
은 이미 3명 정도의 CEO 대상자들과 미팅을 마친 상태였다. 그들은 나
에게 여러 가지 질문을 하면서 자기들이 계획하는 한국 사업의 CEO로
함께 일하면 좋겠다며 나의 의사를 타진해왔다.
　나는 지금 일본 제1의 기업 교육 컨설팅 회사 산노(산업능률연구원,
SANNO)와 사업을 하고 있으니 CEO 취임은 곤란하다며, 이미 만나 보

신 분 중에 어떤 후보를 뽑으면 성공적인 한국 진출을 할 수 있을지 귀사의 판단을 돕는 컨설팅을 할 수 있다고 역제안을 했다.

"컨설팅을 하시더라도 우리 회사를 잘 아셔야 합니다. 곧 우리 회사의 신년도 사업 계획 발표회가 있으니 도쿄로 한번 와 보시지요. 전체 사업 본부와 그룹사 현황 등을 한 번에 알 수 있는 좋은 기회가 될 것입니다."

그 자리에 참석한 인사 담당 상무가 말했다.

나는 그 말이 일리가 있다고 판단해서 지정된 날짜에 도쿄로 갔다. 그런데 도쿄에 도착하니 회장과 CEO의 미팅이 각각 준비되어 있었고, 다음 날 아침에 그룹 산하의 과장급 이상 직원 수백 명이 참석하는 사업 발표 회의장에도 참석하는 일정으로 되어 있었다.

베네세 그룹의 신년도 사업 계획 발표회 행사가 시작되자 모리모토 CEO가 인사말을 했다.

"우리 베네세 그룹이 일본 내에서는 넘버원이지만, 아직 해외 진출을 시도해보지는 않았습니다. 그래서 금년부터는 해외에 진출할 방침을 정했고, 그 첫 진출 대상 국가를 한국으로 정했습니다. 오늘 마침 한국에서 오셔서 이 자리에 참석한 분이 계시므로 잠시 단상으로 모시겠습니다."

나는 얼떨결에 단상에 오르며 참석자들을 향해 인사를 했다.

"지금 여기에 모신 분이 향후 한국 지사의 사장을 맡아 주실 정상곤 사장님입니다. 여러분, 크게 박수로 맞이해주시길 바랍니다."

참석한 수백 명의 간부들이 박수를 치는 상황에서 '잠깐만! 그게 아닙니다!'라고 생각하면서도, 그렇게 많은 사람이 박수를 치는데 '이게 아닙니다'라는 말을 도저히 할 수가 없었다. 결국 내 입으로 "잘 부탁합니다"라고 인사를 하고 말았다.

발표회가 끝나고 한국에서 처음 만났던 인사 담당 상무에게 물었다.

"이게 어떻게 된 일입니까? 이야기가 다르지 않습니까? 저는 귀사를 잘 이해하게 됨으로써 귀사의 한국 진출을 돕는 컨설팅 계약을 하겠다는 생각으로 왔는데, 갑자기 사장으로 지명을 하시다니요?"

인사 팀 상무가 웃으면서 말했다.

"저희가 아무리 정 사장님을 설득해도 한국 지사의 사장직을 수락하지 않을 것 같아서 꾀를 내었지요. 도쿄에 와서 우리 회사를 보고, 또 그런 자리를 마련하면 승낙할 수밖에 없을 것 같았습니다. 단상에서 잘 부탁한다고 수락 인사까지 하셨으니, 이제 와서 바꿀 수는 없습니다. 아무쪼록 잘 부탁합니다. 하하하…!"
"… 제가 꼼짝없이 걸려든 것이로군요."

근무 조건이나 연봉 등 아무런 협약도 해보지 않은 상태였고, 더욱이 다른 일본 회사와의 제휴 사업을 10년간이나 진행하고 있는 상태에서 아주 곤란한 상황을 자초하고 말았던 것이다.

"그러면 제가 지금까지 해오고 있는 산업능률대학 산노와의 제휴 사업은 어떻게 하나요? 참으로 난감합니다."
"기존 제휴선인 산노와의 관계는 알아서 잘 정리해주시고… 연봉을 비롯해 기타 조건은 최대한 예우해 드리겠습니다."

기가 차서 입이 떡 벌어질 수밖에 없는 일이었다. 아무래도 내가 큰 실수를 한 것 같았다. 그런데 돌이킬 수도 없었다. 그길로 바로 일본 제휴선이었던 산노를 찾아갔다.
담당 부장과 상무를 만나 사과하면서 일이 그렇게 흘러가게 된 자초지종을 설명했다.

"시급히 한국 산노를 운영할 다른 인재를 물색하겠습니다. 10년씩이나 심혈을 기울여 쌓아온 노하우와 프로그램, 자산 등이 많이 있으니 후보자가 곧 나타날 것입니다."
"정 사장의 설명은 잘 들었지만, 베네세 사장직을 수락한 데 대해 크게 실망했습니다. 정 사장이 발을 뺀다면 우리도 한국 사업을 접겠습니다. 그동안 우리의 노하우가 들어가 제작한 모든 자료는 정 사장께서 직접 폐기하시고, 그 장면을 사진으로 담아 제출하시길 바랍니다. 우리의 노하우가 다른 교육 컨설팅 기업으로 흘러 들어가는 것을 원하지 않습니다."

수십억 원을 받아도 될 자료들인데, 그 자료들을 모두 폐기하라니…!

66

후회가 막심했지만 이미 엎질러진 물이었다. 서울로 돌아와서 폐기 장면을 사진으로 남길 때는 눈물이 났다. 그렇게 눈물을 머금고 10년간 경영하던 산노 코리아(산업능률연구원)의 문을 닫게 되었다.

한번 뱉은 말은 거두어들일 수 없고, 순간적인 말 한마디 실수가 인생을 크게 바꿀 수 있다. 말에 사심이나 감정이 들어가 있으면 더욱 실수하기 쉽다.

11

미야하라 상의 처절한
인생 실패 교훈

나의 도움으로 상당히 큰돈을 벌었다며, 일본의 고급 술집에서 평생
술을 사겠다던 미야하라(宮原) 상이 몇 년 후 처절하게 무너져 내렸다.
뜻하지 않은 행운이 찾아왔을 때 그때 잘해야 하는데, 사람들은 그것이
영원히 지속될 것이라고 착각한다.

미야하라 상은 대우전자의 고객이었다. 당시의 대우는 비디오 제작
기술이 부족해 고민하던 중이었다. 그러던 차에 미야하라 상에게 TV와
비디오 일체형 모델 개발을 의뢰하며, 비디오 개발 기술과 설계 등의
노하우를 배울 좋은 기회를 잡은 때였다. 나는 일본 시장에 한국의 전
자 제품을 팔겠다고 뛰던 때여서, 미야하라 상의 사무실에도 자연히 자
주 드나들었다. 미야하라 상의 사무실에는 퇴근 후나 주말에 일본의 유
명 전자회사 기술자들이 자주 와서 일했다. 말하자면 과외로 아르바이
트하고 있었던 것이다.

어느 날, 미야하라 상의 책상에서 그동안 못 보던 라디오 카세트(일본인들은 '라지카세(ラジカセ)'라고 했다)를 발견하고 틀어 보니 음질과 음량이 아주 좋은 편이었다. 내가 관심을 두고 물어보니, 메이드 인 차이나(Made in China)라고 하는 것이었다. 가격도 상상을 초월할 정도로 저렴했다. 그래서 이 정도라면 일본에서도 잘 팔리겠다고 했더니, "정 상이 아직 잘 몰라서 그런데… 일본은 유통 구조가 복잡해서 우리 같은 작은 회사는 대형 유통 업체들이 상대도 해주지 않아요"라고 말하는 것이었다.

대우의 도쿄 법인은 당시 일본 최대의 유통 체인인 다이에이와 거래 관계를 맺고 있었다. 즉 공급업자 구좌 등록이 되어 있어서 대우가 미야하라 상에게서 구매해 다이에이에 납품하면, 비즈니스가 가능할 것 같았다. 잘 성사되면 나로서는 영업 실적이 오르고, 미야하라 상은 다이에이에 납품 실적을 쌓고 매출을 올릴 수 있는 기회가 될 것이었다.

미야하라 상을 대동해서 다이에이의 바이어를 찾아가 상담을 했다. 샘플의 음질과 성능, 가격 조건을 살펴본 바이어가 대우를 통해 소량의 샘플 주문을 함으로써 비즈니스가 시작되었다. 실질적인 일은 미야하라 상이 모두 하고, 나는 수저만 얹어 놓고 차익을 얻는 모양새였다. 비즈니스가 시작되고 점점 주문이 늘어갈 무렵, 내가 갑자기 귀국 발령을 받는 바람에 다이에이를 찾아가 자초지종을 설명하고, 몇 번의 납품 실적을 바탕으로 미야하라 상과 다이에이가 직거래하도록 주선해주었다.

2년쯤 지나 일본 출장을 간 기회에 미야하라 상 사무실에 들렀다. 미야하라 상은 반색하며 나를 맞아들였다.

"정 상, 앞으로 일본에 와서 정 상이 마시는 술값은 평생 제가 다 내겠습니다. 정 상 덕분에 다이에이 쪽 비즈니스가 크게 성공해서 많은 돈을 벌고 있으니까요."

미야하라 상은 그렇게 말하며 기쁜 표정을 지었다. 그 후 미야하라 상은 내가 일본에 가면 나에게 은혜를 갚겠다며 여지없이 긴자나 롯폰기의 고급 술집으로 2차, 3차까지 안내했다. 우리가 다니던 긴자의 술집은 주로 코냑이 나오고, 조용한 피아노 연주의 선율이 흘렀으며, 실내 장식도 아주 우아하고 품격이 있어서 분위기가 좋은 곳들이었다.

그런 술집을 안내하고 다니며 호기를 부리던 미야하라 상을 술집 마담들마다 극진히 대접했다. 미야하라 상은 그렇게 평생 돈이 잘 벌릴 줄 알고, 호기롭게 흥청망청 썼던 것이다.

나는 출장을 갈 때마다 미야하라 상과 그렇게 자주 어울려 다녔다. 그러던 어느 날, 여느 때처럼 그의 사무실에 들렀는데 사무실 한 켠에 포장 박스들이 쌓여 있고, 미야하라 상이 힘없는 표정으로 멍하니 앉아 있었다. 깜짝 놀라 사유를 묻는 내게 미야하라 상은 바람 빠진 풍선 같은 목소리로 대답했다.

"최근에 여러 가지 후속 모델들을 개발하고, 의욕적으로 투자도 늘렸는데… 투자한 모델들의 판매가 부진해서… 회사가 파산 직전에 몰렸어요. 그런데 엎친 데 덮친다고… 아내가 내 짐을 정리해서 택배로 보내 놓고는… 이혼 통보를 해왔어요."

아무리 사람의 앞일은 예측할 수가 없다고 하지만, 기가 막힐 일이었다. 그 부인의 속내야 나는 모른다. 남편이 사업에 실패해서 돈이 없어지니까 바로 내쫓아버린 것인지, 그동안 속 썩인 것을 참다 참다 드디어 폭발한 것인지 알 수가 없다. 하기야 일본 남자들은 대부분 회사 일이다 뭐다 해가며 가정을 소홀히 하는 경우가 많다. 그러다 보니 미야하라 상의 경우에도 자업자득이나 인과응보였을지도 모르겠다.

어쨌든 그 후부터는 일본에 출장 가서 미야하라 상을 만나면 내가 밥도 사고, 술도 사고 했다. 때로는 호텔에 머물지 않고 미야하라 상의 집에서 같이 자기도 하며, 호텔비를 미야하라 상에게 주기도 했다. 그런 날이면 새벽에 미야하라 상이 밥과 미소시루 국을 준비해서 아침 식사를 같이한 뒤에 각자 일을 보러 가기도 했다. 어떤 때는 사무실 전기료를 내지 못해 단전 위기에 처해 있다고 해서 전기료를 대신 내주기도 했다.

그런데 얼마 후부터 전화 연결이 되지 않았다. 도쿄에 출장을 간 김에 그의 사무실에 들렀더니 문이 잠겨져 있었다. 집으로 찾아갔더니 이사 가고 없었다. 나에게 많은 추억을 남겨 주고, 한국 전자산업 발전에 결과적으로 큰 도움을 주었던 미야하라 상을 그 후로는 더 이상 만날 길이 없어졌다.

사람들은 잘나가면 기고만장하게 되고 실수하기 쉬워진다. 미야하라 상의 처절한 실패 사례는 잘나갈 때일수록 조심하고, 신중히 처신해야 한다는 큰 교훈을 내게 주었다.

12

창업하고 마주친
눈물 나는 에피소드

창업의 고난은 모세가 이집트에서 노예 생활하던 유대인들을 이끌고 이집트를 탈출해 광야로 나간,《성경》'출애굽기'의 장면과 같다. 창업은 안전한 직장의 울타리를 벗어나 황량하고 험난한 광야로 자신을 내던지는 것이어서 무수한 난관을 헤쳐 나갈 각오와 준비를 해야 한다.

찰턴 헤스톤(Charlton Heston)이 열연한 1956년작 영화 〈십계〉는《성경》구약의 '출애굽기'를 바탕으로, 노예 생활하던 유대인들이 이집트에서 탈출해 마주친 험난한 현실을 잘 그리고 있다. 홍해가 그들의 앞을 가로막고, 뒤에서는 이집트 군대가 쫓아오는 절체절명의 위기에서 하나님의 기적으로 갈라진 홍해를 건너자, 이번에는 황량한 광야가 그들을 기다리고 있었다. 그들이 광야에서의 굶주림과 고통을 감내하며 길을 찾아 나아갈 수 있었던 것은 노예 생활을 벗어나 약속의 땅 가나안으로 갈 수 있다는 강한 바람이 있었기 때문이었다.

당신을 만나면 힘이 나요

창업 역시 성공을 향한 강한 바람을 가지고 무수한 난관을 헤쳐 나가며 하나하나 이루어 나가는 과정을 거치게 된다. 고생이 너무나도 심해서 때로는 노예 생활하던 때를 그리워했던 유대인들처럼 직장생활을 그리워하기도 하지만, 피나는 노력을 기울이면 성공이라는 고지에 도달할 수 있다. 창업 초기에 마주친 무수한 에피소드 중 눈물나는 에피소드 네 가지만 소개해보기로 하겠다.

에피소드 1. 은행의 냉대

"지점장님, 이번에 큰 신용장을 받았는데, 거래선에 로컬 신용장 (Local Letter of Credit, L/C)을 개설하려고 합니다. 잘 부탁합니다."

나는 한일은행 양재동 지점장을 찾아가 그렇게 로컬 신용장을 개설해달라고 요청했다.

"큰 주문을 받으셨군요. 축하합니다. 그런데 로컬 신용장을 개설하려면 그에 상응하는 담보를 제공해주셔야 합니다."

"지점장님, 바이어가 확실한 데다 제가 대우의 무역부장 출신이고… 제 커리어와 학력이 어떻다는 것은 이미 잘 아시지 않습니까? 그냥 신용장을 개설해주시면 안 되겠습니까?"

"저희 지점장들은 사장님같이 창업하신 분들에게 많이 당하는 게 현실입니다. 사장님은 명문 학교의 졸업장과 좋은 커리어, 풍부한 경력이 신용이라고 생각하시는 모양인데요… 저희에게는 담보가 신용이고, 돈이 신용입니다. 거기에 학력과 경력이 뭐가 중요합니까?"

조금도 파고들 여지가 없는, 아주 냉랭한 대답이었다.

햇볕이 쨍쨍 내리쬐는 맑은 날이면 우산(돈)을 빌려주고, 비가 오면 우산을 뺏는 것이 은행의 생리라는 말은 들었지만, 정작 그런 냉대를 당하니 기가 막혔다.

'어떻게 받은 오더인데….'

나도 모르게 눈물이 났다. 차가운 바깥세상의 비바람을 비로소 실감했다. 결국 바이어에게 통사정하듯 양해를 구하고, 그 주문은 없었던 것으로 하고 말았다.

에피소드 2. 눈물 나는 첫 오더

갑자기 사표를 내고 회사를 나와서 이렇다 할 준비도 없이 시작한 무역회사는 수 개월간 단 한 건의 주문도 받지 못하고 있었다. 직원들 4명의 급료와 사무실 임대료 등 비용은 계속 들어가는 터라 속이 바짝바짝 타들어가던 어느 날, 우연히 힐튼호텔에서 일본에 있을 때부터 잘 알고 지내던 컴퓨터 회사의 친구를 만났다. 저간의 근황 등 이런저런 이야기를 나누던 중, 그 친구가 불쑥 물어왔다.

"정 상, 혹시 노트북 가방 1,000개라도 만들어줄 수 있어요?"

대우의 무역부장 시절, 부서의 연간 수출액이 1,000억 원(1억 불)을 넘겼을 당시, 나는 담당자들에게 너무 작은 오더는 생산성이 없으니 받지 말라고 지시한 적이 있다. 그러나 이제는 컴퓨터 가방 1,000개, 12,000달러에 불과한 작은 주문이었지만 눈물 나게 고마웠다.

"또 깨소금을 덤으로 주시네요? 매번 이러시면 미안해서 여기에 못 와요."

집사람은 이사를 몇 차례 한 이후에도 참기름을 살 때는 반드시 대치동의 은마아파트 지하상가에 있는 참기름집을 찾아간다. 집사람이 참기름을 사러 가면 그 집 여사장님이 극진히 인사를 하며 40여 년을 한결같이 깍듯하게 대하기 때문이다. 지하상가 모퉁이에 그 부부가 조그만 참기름 가게를 차리고 초조하게 손님을 기다리고 있었는데, 첫날 첫 손님으로 나타난 것이 바로 집사람이었다고 한다.

"가게를 열고 불안한 마음으로 초조하게 손님을 기다리는데, 사모님이 첫 손님으로 오셨어요. 얼마나 반갑고 고맙던지⋯ 그리고 그 후 장사가 술술 잘되고, 돈도 많이 벌었어요. 그래서 사모님을 결코 잊을 수 없어요. 제 은인이시니까요."

그렇게 창업하고 나서 받는 첫 오더는 평생 잊을 수가 없는 것이다.

에피소드 3. 달라진 명함의 신용도

"회사를 그만두시고 창업하셨다는 이야기는 들었습니다. 축하합니다."

일본인 바이어와 함께 대우의 부장 시절에 여러 번 갔던 강남의 룸살롱을 찾아갔다. 마담이 반색하면서 우리를 맞았다. 그녀가 안내하는 룸으로 들어가 주문했다.

"정 사장님, 오늘은 신용카드로 미리 선불로 결제해주셨으면 합니다."
"…???…."

대우의 무역부장 시절부터 해외에서 온 바이어 접대차 자주 다녔기에 낯익은 곳이고, 외상 술을 얼마든지 주던 마담의 태도 변화에 나는 당황할 수밖에 없었다.

"왜 이래요, 김 마담? 바이어도 계시는데…."
"그때는 대우의 부장님이셨고, 지금은 조그만 무역회사를 창업한 사장님이시니 신용도가 다르지 않아요? 술 드시고 가면서 외상 하자고 하면 곤란해서요. 이해해주세요. 호호호…."

대우의 부장 명함과 창업한 무역회사 사장 명함의 신용도 차이가 그 정도로 큰가 보다.

에피소드 4. 창업한 회사에 실적을 요구하는 거래선들

창업은 무에서 유를 창조하는 것이다. 1의 2배는 2이고, 2의 10배는 20이다. 그런데 무(0, 제로)에서 출발하면 10을 곱하든 100을 곱하든 0 그대로다.

창업했을 때 처음의 1이나 2를 만들어내느냐, 그렇지 못하느냐에 따라 사업 승패가 갈린다. 무에서 유를 창조하기 위해서는 제로의 단계에서 1이나 2의 단계로 올라서는 과정이 첫걸음이다.

일본 제1의 교육 컨설팅 기업과 제휴를 해서 기업 교육 컨설팅 회사인 산업능률연구원을 설립하고 몇 개월에 걸쳐 기업 교육 프로그램을 만들고, 교육 컨설팅 준비를 마쳤다. 그리고 자신 있게 대기업의 연수원들을 방문했다. 그런데 그 연수원들은 한결같이 그동안의 교육 실적을 가져오라는 것이었다. 새로 시작한 기업에 실적을 가져오라고 하니 말문이 막혔다.

아무리 준비한 프로그램의 우수성을 설명해도 통하지 않았다. 마지막으로 친정인 대우그룹의 중앙연수원을 찾아갔다. 거기에서 당시에 연수원의 책임자였던 김 이사를 만나 비장한 마음으로 협상했다. 신임 부장 연수 2박 3일 프로그램을 채택해달라고 요청하면서 강의 자료와 진단 프로그램, 강의 준비물 등을 모두 드리고, 강의 내용도 상세히 설명드렸다.

"교육 첫날에 오전 3시간 동안 강의하고 반응이 좋지 않으면 김 이사께서 이어서 강의를 하시길 바랍니다. 그때는 모든 자료를 무상으로 넘기고, 저는 교육 컨설팅업에서 철수하겠습니다."

배수의 진을 치고 베팅을 한 것이다.

그렇게 시작한 대우그룹의 부장 연수 실적과 수강자의 반응 자료를 첨부해서 타사 연수원의 문을 다시 두드렸다. 그때 비로소 교육 수주가 조금씩 이루어지기 시작했고, 그렇게 실적이 쌓이면서 교육기관으로서의 입지를 굳힐 수 있었다.

창업은 무에서 유를 창조하는 험난한 길이다. 성공을 이루어가는 그 과정은 아무리 힘들어도 성공의 과실은 크고, 그 성공을 이루어가는 다난한 과정을 즐기면 인생은 더욱 풍요로워진다.

13

화장장 옆 4년,
묘지 바라보며 3년 산 일본 생활

일본 오사카 주재원으로 발령받고 겨우 얻은 집이 시립 화장장 바로 옆집이었고, 거기서 4년을 살았다. 또 도쿄로 발령받고 부동산 중개사 무소에 부탁해서 얻은 집 바로 앞에는 묘지들이 있었고, 거기서 3년을 또 살았다.

1981년 1월, 일본 오사카로 발령받고 집을 구하러 다니다가 아주 거대한 벽에 부딪혔다. 일본까지 갔으니 한국인들끼리 모여 사는 동네보다는 일본인들 생활 속으로 깊숙이 스며들어 그들과 같이 살아 보고 싶었다. 그래서 일본인 중산층들이 거주하는 환경 좋고, 깨끗한 동네에서 우리가 살 집을 찾기 시작했다. 그런데 그게 쉽지 않았다. 그런대로 조건이 맞는 집을 찾아 계약하려 하면, 집주인이 내가 한국인이라는 것을 아는 순간, 계약을 거절하는 것이었다.

지금에야 한국의 국력이 강해지고 한류도 크게 주목받으면서 사정이 달라졌을지 모르겠으나, 1980년대 당시에는 일본인들이 한국을 아주 무시했으며, 특히 재일교포들은 일본 사회에서 심한 차별을 당하고 있었다.

빨리 집을 구해야 가족도 불러올 수 있는데, 계약하려 하면 계속 퇴짜를 놓으니 화도 나고 초조해지기도 했다. 그러던 어느 날, 계약에 응해준다는 집이 있다고 해서 퇴근 후에 가보니 동네도 좋고, 집도 깨끗했다. 무엇보다도 집주인이 선선히 계약에 응하겠다는 바람에 이것저것 따지지 않고 그 자리에서 계약을 체결했다.

아무튼 그 집에 살게 되어 아침 일찍 출근하고 저녁 늦게 퇴근하다 보니, 집 주변을 돌아볼 여유가 별로 없었다. 내가 사는 집은 맨션 1층의 가장자리였고, 창문을 열어 보면 늘어진 나무들 사이로 넓은 마당 같은 것이 보였다. 무슨 회사 같았다.

얼마 후에 집사람과 어린 두 아들이 일본에 왔다. 그리고 휴일에 우리 가족은 집 주변으로 동네 산책에 나섰다. 병원도 확인하고, 학교와 유치원도 둘러보았다. 마지막으로 우리 집 창문으로 내다보이는 마당이 넓은 건물이 생각나 그곳에도 가보았다. 그런데 그곳 정문 간판을 보는 순간, 우리는 그 자리에 얼어붙고 말았다.

'도요나카 시립 화장장.'

고생 끝에 얻은 집이 시립 화장장 바로 옆집이라니, 기가 막혔다. 주택 바로 옆에 화장장이 붙어 있다는 것은 도저히 상상도 할 수 없었다. 한국이었다면 주민들과의 마찰도 심했을 것이다.

그런데 신기한 것은 화장장에 차들과 유족들이 들락거리는데도 통곡하거나 우는 소리를 들을 수 없었다. 문을 열고 나무 사이로 살펴보니 조용히 손수건으로 눈물을 닦는 정도였을 뿐, 아주 조용했다. 그곳이

당신을 만나면 힘이 나요

화장장이라는 것을 몰랐을 때는 아무렇지도 않았는데, 알고 나니 불쾌하기도 하고 겁도 났다. 특히 비가 오는 어두운 밤에는 무서웠고, 흐린 날 낮에는 가끔 고약한 냄새도 났다.

불안하고 불편한 마음이었지만 할 수 없이 살다 보니 어느새 우리도 그 환경에 적응하고 있었다. 환경을 원망하기보다는 환경에 적응하면 편해진다. 기찻길 옆에 집들이 많은데, 거기에 사는 사람들은 밤에 시끄러워서 도저히 잠을 잘 수가 없을 것 같아도 그런대로 적응하며 사는 것과 같다.

그렇게 4년간 시립 화장장에 바로 붙어 있는 맨션에서 살았는데, 돌연 도쿄로 가라는 발령을 받았다. 도쿄 법인에 긴급 사태가 발생했으니 무조건 내일 중 도쿄로 부임해 사태 수습에 임하라는 명령이 떨어진 것이다. 다음 날 즉시 도쿄에 부임해 호텔 생활을 시작했다. 서울에서 새로운 지점장이 부임해 오고, 런던에 있던 금융 담당이 차출되어 왔다. 그들과 함께 급박하게 사태 수습에 임하다 보니, 집을 구하러 다닐 짬을 내기가 어려웠다. 그때 역시 부동산 중개사무소의 소개를 받아 입주가 가능하다는 맨션을 퇴근 후 저녁 무렵에 둘러보다가 호텔을 리모델링 했다는 말에 아주 마음에 들어 바로 계약을 체결했다.

밤늦게 집에 들어가 우선 마련한 간이 침구에서 잠만 자고 새벽에 나오다 보니 맨션 주위를 살펴볼 여유가 없었다. 오사카에서 이삿짐이 오던 날, 이삿짐을 정리하면서 베란다에 나가 바깥을 내다본 집사람이 맨션 바로 앞에 약 40기 정도의 묘지가 자리 잡고 있다며, 몹시 언짢아했다. 종전에는 화장장 옆에 집을 구하더니 이번에는 매일 묘지를 바라보며 살게 만드느냐는 것이었다. 내가 생각해도 큰 실수를 했음을 인정하지 않을 수 없었다.

나중에 알고 보니 일본에는 조상이나 선조의 묘가 가까이에 있는 것을 오히려 긍정적으로 생각하는 문화가 있고, 화장 시설도 연기나 냄새가 거의 나지 않도록 기술적으로 잘 관리하므로 주민들의 반발이 거의 없는 편이라고 했다. 우리처럼 묘지나 화장장이 혐오 시설로 취급받지 않는 문화라는 것이다.

　요즈음 주택난으로 많은 사람이 어려움을 겪고 있지만, 나는 무허가 판잣집에서도 살아보았고, 단칸짜리 셋방에서도 살아보았다. 화장장 옆에서 4년, 묘지 앞에서 3년, 그런 환경에서 7년도 살았다. 이사도 많이 다녔다.

　지내 놓고 보니 열악한 주거 환경 그 자체는 내 인생에서 그다지 큰 장애물이 되지 않았다.

　환경이 어떻더라도 그것에 적응하고, 그것을 극복하면 얼마든지 새 꿈을 키워가며 잘 살아갈 수 있는 것이다. 모든 것은 생각하기 나름이고 노력하기 나름이다.

14

해외 바이어와
얽힌 에피소드

해외 시장을 개척하기 위해 우리와 전혀 다른 문화권의 바이어들을 만나서 상담을 진행하다 보면 별별 경험을 하게 된다. 아프리카에 속한 어느 나라에서 온 바이어는 우리의 대학병원에서 은밀히 검진받을 수 있게 해달라는 요청을 하기도 했고, 어떤 바이어는 자기가 유럽으로 출장을 가니 휴가비를 챙겨서 그리 오라고 하기도 했다.

에피소드 1. 독배라도 마셔야 하는 비즈니스 자리

"송 과장 별일 없지요? 지금 공항에 도착했는데, 일단 집으로 가서 쉬었다가 내일 아침에 출근할게요."

해외 출장에서 돌아온 내가 회사로 전화를 걸어 그렇게 말했더니, 송 과장이 나를 기다리고 있는 사람이 있다고 말했다.

"수단에서 온 바이어 미스터 카심이 부장님께서 오늘 귀국하시는 것을 알고 저녁에 술 한잔 같이하자고 기다리고 있습니다."

당시에는 스페인에서 한국으로 오는 직항 편이 없어서 두 번의 환승을 하며 30여 시간이나 걸려 서울에 도착하던 때였다. 너무나도 피곤했지만 하는 수 없이 곧바로 바이어가 기다리고 있다는 술집으로 갔다. 대우의 무역 부문 부장으로 발령받아 일본에서 귀국한 지 1년이 채 되지 않은 때여서, 수단에서 왔다는 그 바이어와는 초면이었다.

"헬로우, 미스터 카심! 나이스 투 밋 유."

나는 그를 만나자마자 반갑게 인사를 나누었다. 흰 눈동자, 하얀 치아, 흰 손톱 이외에는 신체의 모든 부분이 짙은 검은색을 띠고 있는 인물이었지만, 의외로 인상은 좋았다.

"제 술 한잔 받으시지요."

미스터 카심은 한국의 음주 문화에 아주 익숙한 것 같았다. 내가 채워 준 양주잔을 단숨에 비우더니, 그 잔을 나에게 권했다.
그 순간 조금 당황스러웠다. 에이즈가 퍼져 세계적으로 문제가 되던 시절이었다. 그 바이어가 입에 대고 마신 술잔을 내가 받아도 되는지 겁이 났다. 그렇다고 접대하는 입장에서 "당신이 입에 댄 술잔은 비위

생적이기 때문에 거절하겠습니다"라고 말할 수도 없었다.

'에이, 모르겠다. 독한 위스키이니까 소독이 될 테지.'

나는 스스로를 달래며, 그 잔을 받아 호기롭게 원샷으로 마셨다. 그렇게 몇 잔이 오갔다. 비즈니스의 성사를 위해서라면 독배라도 마셔야 했다.

에피소드 2. 세일즈맨은 때로 배우가 되어야 한다

"미스터 정, 커피 한잔하세요."

아프리카 리비아에 세일즈 출장을 갔을 때, 바이어가 내게 커피를 권했다. 그런데 커피잔이 한입에 톡 털어 넣어도 될 만큼 아주 작았다. 그때까지만 해도 그렇게 작은 커피잔은 처음 보았다. 그래서 고맙다고 인사를 하고 원샷으로 마셔 버렸다. 그런데 커피가 너무 독해 목 안이 타들어가는 느낌이 들 정도였다. 그러나 아무렇지도 않은 듯 짐짓 너스레를 떨며, "베리 나이스, 베리 나이스!"를 연발했다. 작은 커피잔에 들어있던 것은 아주 진한 에스프레소 커피였던 것이었다. 우리는 주로 프림과 설탕이 듬뿍 들어간 다방 커피를 마실 때였기 때문에, 에스프레소 커피를 접해 보지 못했던 것이다. 내 반응을 본 바이어는 선심을 발휘해 바로 한 잔을 더 따라 주었다. 표정 관리를 해가며 그 잔도 마셨다. 세일즈맨은 그렇게 배우의 기질도 있어야 한다.

에피소드 3. 특이한 다른 나라 음식 때문에 벌어진 해프닝

타이완에 출장 갔을 때였다. 비즈니스를 마치고 저녁 식사 자리에 함께한 린 사장이 내게 물었다.

"정 사장님은 어떤 음식을 좋아하십니까? 혹시 꺼리는 것은 없습니까?"

"저는 여러 나라를 다니면서 비즈니스를 해왔는데, 어떤 나라의 어떤 음식도 다 잘 먹는 편이었습니다. 음식을 가리지 않고 다 잘 먹으니 염려하지 마십시오."

나는 그렇게 한껏 폼을 잡았다. 식사가 시작되고 술이 몇 순배 돌았을 때, "정말 어떤 음식이라도 잘 드십니까?" 하고 린 사장이 다시 물었다.

"물론입니다."

약간의 술기운 탓도 있었겠지만, 내 기분은 한껏 고조되어 있었다. 린 사장이 종업원을 불러 뭐라 뭐라고 주문을 하는 것 같았다. 그러고 나서 얼마 후 종업원이 요리 접시를 받쳐 들고 방으로 들어오는데, 몹시 역한 냄새가 코를 찔렀다. 가슴이 뜨끔했다. 아무래도 내가 주위 담을 수 없는 실수를 한 것 같았다. 린 사장이 내 앞으로 접시를 밀어 놓으며 한번 맛을 보라고 했다. 그런데 그 음식을 한 젓가락 집어 입에 대는 순간, 지금까지 먹은 음식들을 모두 토해낼 것 같았다. 냄새도, 맛도 정말 역하기 짝이 없었지만, 억지로 웃는 표정을 지으며 접시를 비웠다. 내가 발휘할 수 있는 최대의 인내심으로. 전문 배우라고 해도 그렇게 하지는 못했을 것이다.

"한국에서 오신 손님들은 좀처럼 못 드시던데… 이렇게 잘 드시니 한 접시 더 주문하겠습니다."

린 사장은 재미있다는 듯이 웃으며 말했다.

"오, 노우. 노우!"

내 입에서는 나도 모르게 외마디 비명이 터져 나왔고, 모두가 한바탕 웃는 것으로 그 해프닝은 끝났다
나중에 알고 보니 그것은 삭힌 두부 요리 '처우더우푸(취두부, 臭豆腐)'였다. 홍어 요리나 청어 삭힌 요리 등 세계의 특이한 요리 중 하나였던 것이다.

에피소드 4. 신의 뜻으로

리비아의 바어어가 스페인으로 가족 휴가를 간다며 미리 약정한 암호 연락이 왔다. 휴가비를 주기로 약속했던 것이다. 날짜를 확인하고 휴가비를 넉넉히 준비해서 마드리드로 갔다. 당시 서울에서 마드리드 까지는 몇 번의 환승을 해야 해서 비행시간만 해도 약 30시간 정도 걸리는 여행이었다.

바이어는 마드리드에 도착하면 전화하겠다고 했기 때문에 지사 사무실에 가서 줄곧 그의 전화를 기다려야 했다. 통신 사정이 요즈음과는 판이한 옛날이야기다. 그렇게 전화통만 쳐다보며 3일이 지났다. 그런데 전화도 오지 않고, 바이어에게 연락도 되지 않았다. 도리 없이 다시 30여 시간을 소요해 서울로 돌아왔다.

나중에 그 바이어에게서 불가피한 사정이 있었다고 간단히 연락이 왔다. 내가 3일간 전화를 기다렸다고 하니까, "인샬라(انشاء الله, 아랍어로 '신의 뜻으로'라는 의미)!"라고 하면서 휴가지를 프랑크푸르트로 바꾸어 가겠다는 것이었다. 그래서 이번에는 프랑크푸르트로 날아가서 그를 만나야 했다.

드라마와 같이 인생도 밋밋하면 재미가 없다. 지금의 어려움은 인생을 재미있게 엮어가는 과정이다. 지나고 보면 인생이라는 장편 드라마 속 한 편의 에피소드가 되는 것이다.

15

삶을 조종하는
보이지 않는 손

직장생활을 하다 보면 자신의 의지와는 무관하게 이리저리 부서를
이동하거니 직장을 옮기게 되는 경우가 있다. 직장생활뿐만 아니라 삶
전체로도 나의 의지와는 무관하게 어떤 보이지 않는 손에 의해 조종되
는 것 같은 느낌을 받게 된다.

세 친구와 차를 마시며 담소를 나누고 있었는데, 한 친구가 운에 관
한 이야기를 꺼냈다.

"젊었을 때는 능력으로 다 되는 줄 알았는데, 나이 들어 보니 운이
더 크게 작용한 것 같아."

"맞아. 나이 들어 보니 결정적인 순간에 전혀 다른 방향으로 인생 진
로를 바꾸어버린 보이지 않는 손이 작동한 경우가 많았던 것 같아. 젊
을 때는 그게 억울해서 견딜 수 없었지만, 요즈음은 그게 다 하늘의 뜻

이고 운명이라고 받아들이게 되었어."

"그렇게 단정적으로 이야기할 수는 없지. 외부 환경 요인들을 우리가 통제할 수 없다고 해서 운이라고 하지만, 상당 부분 우리의 능력과 그때그때 자신의 선택이 인생을 결정짓는 거야. 모든 것을 운으로만 이야기할 수는 없지."

"어떤 경우든 결국 자신의 선택이 인생 진로를 결정한다는 그 말도 맞아. 그렇지만 예측 불허의 외부 환경 변화에 영향을 받아 우리 인생을 조종하는 보이지 않는 손, 즉 운이라는 요소도 결코 무시할 수는 없지. 능력보다도 운이 더 크게 작용했다고 느낀다는 거야."

"정 사장은 우리 중에 가장 파란만장하고 버라이어티한 인생을 살았으니, 경험상 자기 능력이나 선택이 아닌 어떤 보이지 않는 손이 인생을 조종한 경우도 많다고 생각하는 것 같아."

"맞아. 내 인생에는 다른 사람들의 경우보다 더 많이 운이 작용했던 것 같아. 창업하고 3년 정도 지났을 무렵에 인재 알선 및 파견 사업을 해보려고 그 분야의 선두주자였던 일본 리크루트 사의 문을 두드렸지. 내가 소개받은 사토 부장은 일본인답지 않게 활발하고, 적극적인 사람이어서 이야기가 순조롭게 진행되었어. 협상 마지막 단계에서 리크루트 인재센터의 미조부치 사장이 한국까지 와서 한국 시장을 확인하고서는 나와 법인 설립에 합의했지."

"일본에서 사장이 다녀갔으면 성사된 것이나 다름없었겠네?"

"나도 그렇게 생각하고 신규 사업을 준비하고 있었는데… 어느 날, 미조부치 사장에게서 전화가 왔어. 그런데 '정 상, 일본 리크루트를 유통업체인 다이에이에 전격 매각하기로 결정이 나서, 신규 사업은 일체 중단하게 되었어요. 그간 수고 많았고, 죄송스럽게 생각합니다'라는 거야."

"그러니까 정 사장의 의지나 노력과는 상관없는, 전혀 다른 요인에 의해 방해를 받은 것이라는 말이지?"

"맞아. 그리고 군대생활 중에도 그런 경험을 했다네. 논산훈련소에서 4주간의 훈련을 마치고 후반기 교육으로 대전 통신학교에서 16주간 교육을 받게 되었어."

"자네는 상과대학 출신인데, 통신학교에 배치가 되었어?"

"그러게 말이야. 나도 그게 지금까지 의문이야. 우리 반은 고성능 통신 중계 장비를 운영하는 교육을 받았는데, 전시에 군단과 사단 사령부가 이동해도 통신이 잘 운용되도록 이동 중계소를 설치하며, 통신 시스템을 가동해야 하는 것이야. 산속에서도 전기를 공급할 5KW 발전기를 직접 돌리고, 간단한 응급 수리 방법까지 배웠지. 우리 반은 거의 공대생들과 공고 전기과 졸업생들로 구성되어 있었고, 문과생은 나를 포함해서 단 3명뿐이었어."

"하하하, 따라가기가 힘들었겠네."

"그렇기는 했지. 그런데 내가 문과 출신이었지만… 아무런 배경도 없던 내가 전방으로 가지 않고 후방에 배치받을 수 있는 길이 있었어. 거기에서 1등을 하면, 대전 통신학교 조교로 남게 된다는 거야. 그래서 열심히 노력해서 졸업할 때 1등을 해서 원 스타 학교장 상을 받았지. 그랬으니 나는 당연히 대전 통신학교 조교로 남아서 전방에는 가지 않을 것이라고 믿었어."

"그런 데 뭐가 잘못되었나?"

"졸업식 날 연병장에서 훈련병들 배치 지역을 발표하는데… 당시의 훈련병들이 가장 가기 싫어하는 곳은 강원도 원주의 103 보충대였거든? 그런데 그 103 보충대 중에서도 '인제 가면 언제 오나 원통해서 못 살겠다'라는 말로 회자되며, 장병들의 기피 대상 1호지였던 강원도 인제와 원통 중에서 나는 인제로 배치를 받은 거야. 당시 기준으로 최악이었지."

"1등을 했는데… 왜 그렇게 된 거야?"

"나중에 알고 보니 마침 그때 우수 인재 전방 배치령이라는 게 내려졌다는 거야. 그때도 보이지 않는 손이 나의 노력과 의지와는 상관없이 내 운명의 방향을 틀어버린 것이지."

내 이야기는 그 대목에서 제대 이후에 있었던 일로 넘어가고 있었다.

"친구들도 알고 있었는지 모르겠지만, 군대를 제대한 후에는 대학 선배의 권유로 유망 중소기업이었던 상영산업의 금속 영업 부서에 입사했어. 회사 측에서는 영업 사원도 생산 현장을 잘 알아야 한다며, 나를 주물 생산 현장에 투입한 거야. 거기에서 한 3개월 정도 공정별로 현장 경험을 시키며 이론도 철저히 학습시키더군. 그리고 나서 1년쯤 영업 활동을 할 무렵에 미국에서 온 나이 많은 바이어를 만났는데, 상담 도중 그 바이어가 나에게 '미스터 정은 주물에 대한 지식이 대단한데, 대학에서 금속학을 전공했어요?'라고 묻는 거야. 그래서 내가 경제학을 전공했다고 대답했더니, 불쑥 뜻밖의 제안을 해오지 않았겠어? '미스터 정, 나는 나이가 들어 극동아시아까지 비행기를 타고 출장 다니기가 너무 힘들어요. 나와 같이 미국으로 갑시다. 나 대신 아시아를 오가면서 구매 활동을 해주면 고맙겠는데…' 이러는 거야."

"그 당시 미국에 간다는 것은 꿈과 같던 때였지."

"신났겠네."

친구들은 내 이야기에 빨려들면서 눈빛을 빛냈다.

"그렇지 그래서 즉석에서, '그렇게 하겠습니다'라고 대답했지. 그러고 나서 미국에 지금 바로 가는 것보다는 한국의 종합상사 금속부에 입사해서 한국의 금속 제품 시장을 폭넓게 공부한 후에 미국으로 가는 것이 더 좋을 것 같다고 하면서, 내가 종합상사에 입사하면 우선 모든 주문을 나에게 주면 된다고 제안했지."

"나라면 군소리하지 않고 바로 갔을 텐데…."

"그러게 말이야. 지금 생각해보면… 그때 바로 갔으면 아마도 내가 지금은 미국 시민이 되어 전혀 다른 인생길을 걷고 있겠지."

내 이야기는 이제 대우에 입사하게 되는 시점에 다다르고 있었다.

"바이어와 그런 합의를 했던 그때, 마침 대우그룹에서 낸 신입 사원 공채 신문 광고를 보았어. 바로 대우의 금속부 부장님을 찾아뵙고 입사가 되면 금속부로 오겠다고 말했지. 그랬더니 자기도 환영한다고 흔쾌히 수락하며, 오히려 좋아하더군. 그래서 바로 대우 공채에 지원해 입사 시험에 합격하고, 그 사실을 바로 바이어에게 알렸어. 그 바이어 역시 기뻐하며 '베리 굿, 미스터 정. 그러면 앞으로 미스터 정만 믿고 나는 미국으로 돌아갑니다' 하는 거야. 바이어는 미국으로 돌아가고, 나는 2주간의 대우그룹 신입 사원 연수를 마쳤지. 그런데 첫날 배치된 부서가 금속 부서가 아니라 섬유 본부의 구매 부서인 거야. 나 원 참…!"

"그렇게 되면서 계획했던 게 다 틀어졌구나. 그래서 어떻게 했어?"

"바로 인사부로 달려가서 뭔가 착오가 있을 거라며 항의했지. 인사부 과장이 나를 불러 하는 말이 '자네가 배치된 본부의 본부장은 김우중 회장님의 신임이 두터운 중역인데, 나더러 신입 사원 명단을 가져오라고 하더니 일본어가 가능한 자네를 콕 찍어 경공업본부 구매부로 배치해서 일본 관련 수입 업무를 담당하게 하겠다고 하시더군. 우리도 어쩔 수 없이 윗분의 지시에 따른 것이니, 싫으면 입사하지 말든가…'라고 하는 거야."

"자네가 말하는 그 보이지 않는 손이 또 자네의 인생에 개입한 것이로구먼."

친구 중의 한 사람이 빙그레 미소를 띠며 그렇게 내 이야기에 장단을 맞췄다.

"그게 다가 아니야. 도리 없이 입사해 5년쯤 되었을 때, 대우그룹에서 인재 양성을 위해 중화공 부문과 경공업 부문에서 각 1명씩을 뽑아 2년간 미국으로 MBA 연수를 보낸다는 소문이 돌았어. 당연히 나도 가고 싶었지. 하지만 경공업 부문에서 나도 인정하는, 능력이 탁월한 김 선배가 선발되었는데 내가 달리 어쩌겠어? 그런데 김 선배가 가정 사정상 미국에 갈 수가 없다고 사양하는 바람에 대신 내가 선발된 거야. 이번에는 보이지 않는 운명의 손이 내 편을 들어주는 줄 알았지."

"그럼 이번에도 또 뭐가 잘못된 건가?"

"그렇다네. 2년간 연수받으러 미국에 가게 되었다는 기쁜 소식을 부모님께도 말씀드리고, 미국으로 갈 준비도 착착 진행했지. 그런데 출발

　　　　　　　　　　　　　당신을 만나면 힘이 나요

이 임박할 즈음 직속 상사였던 정 이사님이 잠시 보자고 하시는 거야. '정 대리, 이번에 미국에 못 가게 되었어. 다른 사원이 청와대에 청탁해서 자네 대신 미국으로 가게 되었어'라고 하는 거야. 기도 안 찰 일이었지."

"정말 실망이 컸겠구먼. 그 시점에 또 누군가가 정 사장의 운명을 가지고 장난을 친 거야."

"하지만 그 보이지 않는 운명의 손이라는 게 꼭 그렇게 나쁜 쪽으로만 작용하는 것은 아닌 것 같아."

아무튼 내 인생에 개입해서 내 삶의 방향을 바꾸어 놓은 '보이지 않는 손'은 계속 작동하고 있는 것 같았다. 다만 그 보이지 않는 손은 음(-)의 방향으로만 나를 이끌어 간 것이 아니라, 때로는 양(+)의 방향으로도 나를 이끌어 갔다.

"맞아. 그게 그렇게 나쁘게만 작동할 리가 없지. 얼마 후 이번에는 전혀 기대하지도 않았던 일본 오사카 주재원 발령을 받은 거야. 당시에는 다들 선진국 주재원으로 파견되려고 애쓰던 때였어."

"정 사장을 일본 전문가의 길로 가라는 것이 그 보이지 않는 손의 뜻이었구먼."

"일본 주재원 생활 7년 동안 다양한 경험도 했지만, 너무 오래도록 일본에 붙들어 두는 바람에 심하게 반발해서 가까스로 본사의 무역부장으로 귀임했어. 그렇게 해서 맡은 부서가 최악의 실적을 보이는 부서였지. 서울에 와서 내가 맡은 부서의 실적을 들여다보니 기가 막히더군. 그래도 열심히 혁신하고 노력해서 그 부서를 최우수 부서로 바꾸어

놓으면서 오히려 자신감이 하늘을 찔렀지. 돌이켜 보면 그때가 참 좋았어. 내 인생에 꽃이 활짝 피는 듯한 시기였지."

"그런데 왜 대우를 그만두고 나왔어? 기왕에 대우에서 피운 꽃이니, 열매도 대우에서 거두는 게 옳지 않았을까?"

"그러게 말이야. 그렇게 신나게 수출 실적을 올리는 재미로 뛰고 있었고 경영진의 신뢰가 아주 두터웠는데… 어느 날 느닷없이 도쿄 발령을 다시 받은 거야. 7년간 일본에서 주재원 생활하느라 자녀들 교육 문제가 심각해져서 사표 소동을 벌이다 가까스로 한국에 귀임한 지 불과 2년 반 만에 다시 일본 발령을 받은 것이지. 그래서 바로 다음 날 사표를 제출하고 말았어. 그렇게 일본으로 가지 않아서 결과적으로 두 아들은 서울의 일류대학을 나올 수 있었고, 지금은 성공적인 사회생활을 하고 있게 되었지."

"그랬었구나. 정 사장만 그런 게 아니야. 나에게도 그런 경험이 있어. 샐러리맨의 운명은 이리저리 자기 의사와는 다르게 이동되고… 전혀 엉뚱하게 흘러가고… 그러잖아?"

"그렇게 준비 없이 사표를 내고 창업하자마자 사기도 당하고, 때로는 크게 돈도 벌어 보고 또 날리고, 업종을 바꾸어도 보고, 뜻하지 않게 일본 회사의 사장도 되어 보았지."

"하여튼 정 사장의 인생은 글자 그대로 파란만장한 것 같아. 그래서 정 사장 자신은 그 모든 변화의 과정에서 보이지 않는 운명의 손이 작동해서 정 사장을 조종한 것으로 생각한다는 말이지?"

"맞아, 그 이야기야. 그래서 요즈음에는 일이 마음대로 안 될 경우에는 '이게 하늘의 뜻이다. 눈에 보이지 않는 어떤 손이 그 길로 나를 이끌고 있다'라고 생각하는 버릇이 생겼어. 그런 자세로 임하다 보니 일

당신을 만나면 힘이 나요

이 좀 잘못되어도 억울하거나 분하지도 않더라고."

"그렇지. 운명론자가 되면 편해지기도 하지. 안달복달하다가 건강을 해치기도 하고… 심지어 극단적인 선택을 하는 사람들도 있는데… 그들이 운명론을 받아들이면 오히려 마음이 편해질 것 같아."

"운이 좋든, 나쁘든 어떤 상황에서도 최선을 다하며 능력을 키우다 보면 또 다른 운명의 여신이 손짓할 것이야. 진인사대천명(盡人事待天命)이라, 최선을 다하고 그러고 나서 하늘의 뜻에 따르라는 것은 변함없는 진리인 것 같아. 지금의 상황을 원망하거나 억울해할 것은 아무것도 없는 것 같아."

친구들과 둘러앉아 시간 가는 줄도 모르고 담소하다 보니, 어느새 이곳 카페의 대형 유리창 바깥 거리에는 땅거미가 내려앉고 있었다.

지금의 마음에 안 드는 상황을 원망하거나 억울해할 것은 아무것도 없다. 운이 좋든, 나쁘든 어떤 상황에서도 최선을 다하며 노력하다 보면, 또 다른 보이지 않는 손이 당신을 더 좋은 방향으로 인도하게 되어 있다.

제 **2** 장

도전은
삶의 불꽃이다

삶은 끊임없는 도전의 연속이다. 꿈을 이루겠다는 강한 의지만 있다면, 가슴속에서 열정의 불꽃이 타오르게 된다. 도전하지 않으면 어떤 것도 성취할 수 없다. 환경도, 나이도 도전을 막을 수 없다. 작은 도전이 이루어내는 작은 성취가 곧 성공의 불씨가 되어, 결국 큰 성취를 향한 거대한 불꽃으로 타오를 것이다. 꿈을 이루기 위한 불타는 열망과 절대 포기하지 않는 끈기만 있다면, 우리는 언제든지 다시 도전을 할 수 있고, 이룰 수 있다.

1
—

도전으로 피우는
삶의 불꽃

사무엘 울만(Samuel Ullman)은 78세에 쓴 명시 〈청춘〉에서 "청춘이란 어떤 한 시기가 아니라 마음가짐"이라고 했다. 그렇다. 청춘이란 육체의 젊음이 아니고, 마음의 젊음을 의미한다. 따라서 꿈과 희망을 품고 도전을 이어가는 한 언제까지나 청춘이고, 언제나 삶의 불꽃을 피울 수 있다. 나이가 도전의 장애물이 될 수 없고, 언제 시작해도 늦는 법이 없다. 타이베이에서 만난 90세 여성 작가의 《석양도 빛과 열이 있다》라는 저서는 나의 끊임없는 도전에 큰 가르침이 되고 있다.

나의 삶을 사자성어로 표현한다면 '파란만장(波瀾萬丈), 좌충우돌(左衝右突)'이다. 파란만장한 인생이란 굴곡이 많았다는 이야기이고, 좌충우돌이란 부딪히고 도전했다는 이야기다. 삶에는 수많은 도전의 기회가 찾아오고, 무엇에 도전할 때는 가슴속에 희망과 기대의 불꽃이 타오른다. 이 책에서 여러 가지 나의 도전 사례를 담았는데, 그 도전 과정에서 나는 삶의 불꽃을 피우며 활기차게 성장해왔다.

지나고 보니 도전은 나의 삶을 풍요롭게 하고, 행복하게 만들어준 큰 요인이었다.

첫째, 도전하고 성공하기 위해 노력하다 보니 나의 능력이 향상되고, 성공했을 때의 성취감은 무엇에도 비교할 수 없는 행복감을 나에게 주었다.

둘째, 도전하는 과정에서 적극적으로 살아가는 내 모습에 스스로 칭찬하면서 삶의 의미를 느낄 수 있었다. 도전을 멈추면 삶이 멎는다고 나는 주장한다.

셋째, 도전은 새로운 경험을 하게 하고, 새로운 사람들과 만나게 하면서 삶을 더욱 풍성하게 만들었다.

넷째, 도전을 한다는 것은 희망을 품는다는 것이고, 그 과정에서 얻는 긍정적인 에너지는 더 큰 도전, 더 나은 내일을 기대하는 큰 힘을 얻게 해주었다.

꿈을 꾸고 도전한다고 해서 꼭 성공해야 하는 것은 아니다. 도전은 그 자체로 삶에 새로운 경험과 성취를 가져다주며, 즐거움과 희열을 느끼게 해준다. 꿈을 실현해 나가며 도전하는 프로세스 그 자체가 즐거우면 된다. 설사 그 꿈이 이루어지지 않는다고 해도, 다시 꿈을 꾸면 된다. 인생은 결과보다는 프로세스가 풍요로워야 한다.

꿈을 꾸고 도전하는 데 나이를 내세우거나 환경을 탓하며 포기하는 것은 스스로 만들어낸 '핑계'라는 거적 밑으로 기어들어 가는 것과 같다. 많은 사람이 도전해보기도 전에 미리 포기하거나 지레 겁을 먹는 다. '일단 해보자'라는 도전 정신과 '할 수 있다'라는 강한 믿음으로 첫 발짝을 떼어 놓으면, 대부분은 '성공'이라는 이름의 정상에 도달할 수 있다.

2

사표를 담보로 해서 받은
3만 달러의 도전

실적 부진, 적자투성이에 클레임 건수도 압도적으로 많아 사내에서 최하위라는 평가를 받던 원단 수출 부서장으로 임명되었다. 무슨 수를 써서라도 돌파구부터 찾아야 했다. 우리가 아프리카 리비아에 제안한 수출 계약이 성사된다면 바로 흑자 부서로 전환될 수 있기에, 사표를 담보로 해서 3만 달러의 비자금을 받아 리비아로 날아가 위험천만한 도전을 시도했다.

직원들이 아프리카 리비아로 몇 차례 출장을 가서 번번이 빈손으로 돌아온 것을 염두에 두고, 내가 직접 가서 상담해보기로 했다. 리비아는 사회주의 독재 국가이기 때문에 구매 담당관도 특수층에 속할 것이다. 그러니 부장인 내가 직접 가서 담판을 짓는 게 격에 맞을 것 같다는 판단도 한몫했다.

리비아에 도착해서 바이어의 사무실에 갔더니 홍콩, 대만, 일본, 우리나라 등 여러 나라에서 온 세일즈맨 6~7명이 대기하고 있었다. 바이어의 사무실 문은 열려 있고, 비서의 호명에 따라 1명씩 들어가서 상담하는 시스템이었다. 오전 9시에 가서 비서에게 회사·이름·직책 등을 이야기하고 기다리는데, 늦게 사무실에 나타난 바이어가 세일즈맨 2명 정도와 상담을 하고는 기도하러 간다며 외출을 하는 것이었다. 그런데 한번 외출한 바이어는 오후가 늦도록 아무리 기다려도 사무실로 돌아오지 않았다. 비서에게 바이어가 언제쯤 돌아오느냐고 몇 번 물어도 그때마다 모른다는 대답만 하며, 다음 날 오전에 다시 오라고 했다. 할 수 없이 다음 날 9시에 맞춰 다시 가서 기다렸지만, 그날도 내 이름을 부르지 않았다. 그렇게 기다리다가 사흘째에야 겨우 미팅하게 되었고, 열심히 설명했지만 반응은 영 신통치 않았다.

일주일의 출장 기간에 바이어를 겨우 한 번밖에 못 만나고, 나도 직원들처럼 허탕을 치고 빈손으로 돌아왔다. 담당 과장과 상의를 한 결과, 회사에서 책정한 접대비 한도 내에서 약간의 선물을 사 가서는 씨알도 안 먹히니, 조금 큰 선물(뇌물)을 가지고 가서 도박을 해야 할 것 같다는 결론을 얻었다.

우리 부서가 제안한 오퍼는 540만 달러의 원단 수출 건이었다. 국내 직물 생산업자에게서 공급받는 매입가격은 390만 달러로, 오퍼한 대로 주문을 받는다면 150만 달러의 이익이 돌아오는 것이다. 실적도 모자라고 적자투성이인 최하위 부서로서는 바로 돌파구를 찾을 수 있는 그 기회를 붙잡고 싶었다. 사장님실로 찾아들어가 상황을 설명하면서 예상 이익 150만 달러의 2%인 3만 달러를 현금으로 지원해달라는 요청을 했다.

"정 부장, 거 말도 안 되는 소리 하지 말아요. 그 많은 돈을 현찰로 만들어 줄 수도 없고… 그러다가 문제가 생기면 자네는 리비아 형무소에서 곤욕을 치러야 하고, 회사도 입장이 난처하게 돼요."

아닌 게 아니라 누구라도 납득하지 못할 무리한 요청이었다. 요즈음에는 뇌물을 주는 행위가 곧 범죄이지만, 당시 후진국과의 거래에서는 종종 있던 일이었다.

"사장님, 각오하고 있습니다. 아시다시피 지금까지 부서 실적이 형편없었는데 또다시 최악의 부서라는 평가를 받게 되면, 저뿐만이 아니라 부서원들도 줄줄이 사표를 낼 것 같습니다. 어차피 내야 할 사표를 미리 담보로 제출하겠습니다. 만약 주문받아오지 못하면 바로 사표를 수리하셔도 좋습니다."

'죽으려고 하면 살 것이요, 살려고 하면 죽을 것(死卽生生卽死)'이라는 이순신 장군의 좌우명을 마음에 새기며 사장을 설득했다. 결국 그렇게 사표를 담보로 받은 3만 달러를 섬유 샘플들 사이에 잘 숨겨서 리비아로 갔다.

그런데 뇌물 건에 대해서는 주재원에게 알리지 않았다. 만약에 일이 잘못되더라도 현지에 가족과 함께 와 있는 주재원까지 문제가 되면 안 된다고 생각했기 때문이다. 바이어의 사무실 문은 항상 열려 있고, 문 앞의 비서가 그 안쪽을 지켜보고 있었다.

"상담 도중에 내가 눈짓을 보내면 화장실에 다녀오세요. 슬그머니

당신을 만나면 힘이 나요

비서의 시야가 가려지도록 하면서….”

나는 현지 주재원에게 그렇게 부탁했다. 바이어에게 뇌물을 건네는 현장에 보안 장치를 해두겠다는 심산이었다. 뭔가 내가 바이어와의 사이에 비밀리에 처리할 사안이 있는가 보다 하는 정도로 생각한 주재원이 약속대로 내가 상담하는 도중에 비서의 시야를 가리며 화장실로 향했다. 그 순간 나는 준비한 3만 달러를 바이어의 책상 서랍에 잽싸게 집어넣으며, “미화 3만 달러입니다”라고 나지막하게 속삭였다. 그 돈이라면 당시 리비아 관료의 수십 년 치 연봉은 족히 되고도 남는 거금이다. 만약에 바이어가 신고하든가 비서가 눈치를 채서 비밀이 유지되지 못하면, 나는 최소 2~3년 이상 리비아의 형무소에 수감될지도 모르는 도박이었다. 아니, 그것은 도박을 넘어선 나의 도전이었다.

잠시 침묵이 흘렀다. 망설이는 듯하던 바이어가 미소를 지으며 말했다. 역시 나지막하고 은밀한 음조였다.

“미스터 정, 오늘 우리 집에서 술 한잔합시다. 트리폴리에 체재하는 동안 차가 필요하면, 내 차를 써도 좋아요.”

그날 저녁에 바이어의 집으로 갔다. 집이 상당히 크고 좋았다. 술병을 꺼내기 위해 벽장 문을 열었는데, 한쪽 벽면에 온갖 종류의 술들이 가득 진열되어 있었다.

‘금주가 엄격한 원칙인 이 나라에 이렇게 많은 술이…?’

"우리 집에서는 아무 문제가 없으니 마음껏 드십시다. 아무 걱정하지 말아요. 내가 다 책임집니다. 정 걱정이 되면, 여기에서 자고 가도 돼요."

귀국 후 일주일 만에 리비아로부터 신용장(L/C)을 받았다. 사장께 그 보고를 올리는 내 가슴에는 보이지 않는 개선장군의 훈장이 매달려 있는 것 같았다.

위험하기 짝이 없었던 그 도전의 성공으로 만년 적자를 기록했던 우리 부서는 바로 흑자로 돌아섰다. 패배주의에 젖어 있던 부서의 분위기를 살리는, 우리도 할 수 있다는 의욕의 불꽃을 지피는 계기가 되었다. 부서의 분위기가 바뀌면서 사기가 오른 직원들은 나를 믿고 다양한 개혁에 동참했다. 그 이듬해에는 전년 대비 60%나 매출 신장을 했다. 만년 꼴찌 부서의 놀라운 변신 이야기는 사내에서 크게 화제가 되어 '우리는 이렇게 뛰었다'라는 제목으로 대우그룹 정기 간행물에 소개되기도 했다.

어려운 상황에 처했을 때 몸을 사리고 소극적인 행동을 보여서는 어떤 성과도 거둘 수 없다. 도전에는 타이밍이 중요하다. 이때다 싶을 때 인생을 거는 과감한 도전을 시도해보아야 한다.

3

계란으로 바위 치기 같은
제휴 성공

조그만 무역회사의 사장 명함을 내밀고, 일본 제1의 교육 컨설팅 기관 산노에 사업 제휴를 제안했다. 국내 유수의 교육기관들도 여러 차례 타진했으나 꼼짝도 하지 않았던 기관이라며, 모두가 입을 모아 '계란으로 바위 치기'라며 코웃음을 쳤다. 그러나 내 마음 깊은 곳에서는 반드시 이루고 말겠다는 열망의 불꽃이 타오르기 시작했다.

"정 사장, 도대체 무슨 신묘한 비결이 있었기에 산노와의 제휴에 성공한 겁니까?"

작은 무역회사의 사장인 내가 일본 최고의 교육 및 컨설팅 기관으로 일본 능률협회, 일본 생산성본부와 어깨를 나란히 하는 일본 3대 기관의 하나인 산노와의 제휴에 성공했다고 하자 모두 놀라며 그 비결을 물었다.

대부분 사람은 나를 처음 만났을 때, "목사님이십니까?" 혹은 "교수님이십니까?" 하고 물어본다. 내가 남에게 주는 인상은 작은 무역회사를 경영하는 사장으로서는 어울리지 않았고, 나 역시 마음속에 남을 가르치며 지도하는 일을 해보고 싶다는 꿈을 항상 가지고 있었다.

그러던 어느 날 대우그룹 기획조정실의 초청으로 일본의 유명한 기업 교육 및 컨설팅 기관들 방문에 동행하게 되었다. 그 첫 방문 기관이 운명의 일본 산업능률연구원이었다. 경영 컨설팅으로 출발해서 일본 내의 기업 교육과 경영 컨설팅의 최고봉이 되었고, 점점 영역을 넓혀 2년제 대학과 4년제 대학, 그리고 대학원까지 설립한 대단한 기관이었다.

당시 한국의 많은 교육기관도 그 기관의 교육 프로그램을 모방하거나 교재를 활용하기도 했는데, 그때까지는 한국에 제휴선도 없었고 지사를 운영하고 있지도 않았다.

대우와의 미팅이 끝나고 잠시 차를 마시며 환담하는 자리에 참석했던 가타기리 영업 부장에게 무역회사 대표직 명함을 건네면서, "부장님, 제가 한국에서 산노 코리아를 운영해보고 싶은데, 어떨까요?"라고 운을 떼어 보았다.

그러자 가타기리 부장은 미소 띤 얼굴로 대답했다.

"정 사장, 좋은 생각입니다만… 교육사업은 그렇게 쉬운 사업이 아닙니다."

일본인 스타일의 정중한 거절이었다.

《성경》의 '마태복음' 7장 7절에 '구하라 그리하면 너희에게 주실 것이요, 찾으라 그리하면 찾아낼 것이요, 문을 두드리라 그리하면 너희에게 열릴 것이니'라고 한 말이 생각났다.

'좋다! 내가 한번 성경 말씀대로 노력해서 산노와의 사업 제휴를 성사해보자.'

의욕의 불꽃이 타오르기 시작했다.

귀국 다음 날 아침부터 하루도 빠지지 않고 〈매일경제신문〉, 〈한국경제신문〉, 〈조선일보〉, 〈중앙일보〉에 기업 교육이나 인사·컨설팅 관련 기사가 나오면 즉시 일본어로 번역해서 가타기리 부장에게 팩스로 전송했다. 당시에는 이메일을 사용하지 않던 시절이었다. 기사가 나온 날 아침이면 9시 이전에 어김없이 팩스를 보냈고, 그 내용에 대해서는 관련 전문가를 찾아 물어보면서 열심히 공부도 했다.

그렇게 한 달쯤 지났을 때, 일본으로 가서 딱 30분만 커피 타임을 달라고 가타기리 부장에게 면담을 요청했다. 가타기리 부장도 내가 한 달간 거의 매일 팩스를 보낸 정성을 외면할 수가 없었던지 흔쾌히 시간을 내주었고, 팩스로 보낸 기사의 내용에 관해 여러 가지 질문도 했다. 무역회사 사장이던 내가 교육·컨설팅 분야의 기사들에 대해 막힘 없이 답을 하자, 적이 놀라는 표정을 지었다.

가타기리 부장을 만나고 와서도 5개월간 계속 매일 팩스를 보내고, 또 매달 일본을 방문해서 관련 내용에 관해 이야기를 나누었다. 지성이면 감천이라고 했던가! 어느 날 가타기리 부장으로부터 한국에서의 사업계획서를 작성해서 보내 달라는 연락이 왔다. 일본의 비즈니스 속성상 부장이 그런 이야기를 꺼낸다는 것은 그 윗선에도 보고가 되고, 뭔가 내용 있는 교감이 진행되고 있다는 증거였다.

내가 가타기리 부장에게 지속적으로 팩스를 보내고, 그 내용을 공부해서 찾아가 면담하며 공을 들인 지 7개월 만에 드디어 산노의 이사장이 한번 만나 보자고 한다는 연락이 왔다. 일본 비즈니스 스타일을 잘아는 나의 지식으로 볼 때, 그것은 사업 제휴가 무르익고 있다는 시그널이었다.

즉시 잘 알고 지내던 이노우에 상(일본으로 귀화한 70세 정도의 중국인)에게자초지종을 설명하고, 산노 이사장과의 미팅 준비를 어떻게 하면 좋겠느냐고 자문을 구했다.

"산노 이사장님의 연세가 얼마나 되십니까?"
"80세 정도 되는 것으로 알고 있습니다."
"그러면 그 미팅에 당신의 부인도 동행하는 게 좋겠어요."
"예? 비즈니스 미팅에 집사람을 동행하라고요?"

나는 선뜻 이해되지 않았지만, 그분의 조언대로 집사람에게 이야기해서 일본에 같이 가기로 했다.

일본에 동행하기로 하자, 집사람은 어떤 선물을 준비해 갈지 고민하는 눈치였다. 보통 남자들은 면세점에서 간단한 선물을 사 간다고 했더니, 그것은 정성과 진심이 결여된 모양새라며, 자기가 알아서 준비하겠다고 했다.

집사람은 이천의 도자기 공방을 오가면서 은으로 된 부부용 찻잔 세트와 받침대에 직접 디자인한 문양을 입힌 품격 높은 선물을 만들어 준비했다. 일본 사람들은 선물의 양과 가격보다는 선물을 하는 그 마음을더 중요시하는 문화를 지니고 있다. 그런 점에서 직접 제작한 그 선물은 아주 탁월한 선택이었다.

잔뜩 긴장한 가운데, 드디어 일본 산노 대학의 이사장실에서 미팅했다. 집사람이 동석하니 분위기가 아주 좋았다. 이사장도 집사람과 여러 가지 이야기를 나누었다. 집사람은 선물로 준비한 찻잔 세트를 전하면서, "남편이 오랫동안 꿈꾸던 분야로 업을 바꾸겠다고 결심을 해서 제가 성공을 기원하는 마음으로 직접 만들었습니다"라고 설명을 곁들였다. 포장을 열어 본 이사장은 깜짝 놀라면서, "아름다운 이 선물… 가보로 오래 간직하겠습니다"라고 말하며 좋아했다.

이윽고 대화는 본론으로 접어들었다.

"정 상은 왜 이 사업을 하려고 하는지 한번 말씀해보십시오."

나는 찬찬히, 그러나 열정이 가득한 말투로 내 의지를 밝혔다.

"이사장님께서는 일본의 산업 발전을 위해 미국, 유럽 등지에 가서 선진국의 좋은 매니지먼트 제도와 생산 컨설팅 노하우 등을 가져와 일본 기업 교육에 성공적으로 접목하신 선도적 역할을 해오셨습니다. 저는 이사장님의 그 점을 존경합니다. 저도 한국의 엘리트로서 남을 지도하는 일을 하고 싶다는 염원을 품고 있었는데, 산노를 만나서 그 꿈을 이룰 수 있다는 가능성을 보았습니다. 제휴를 허락해주신다면 산노가 보유한 일본의 선진 매니지먼트 기법과 경영 컨설팅 기법을 한국에 전파해서 한국의 산업 발전에 기여하고 싶습니다. 그래서 이 사업을 하려고 합니다."

"그렇습니까? 훌륭합니다. 지금까지 한국의 많은 기관이 우리와의 제휴를 원해 만나는 과정에서 발생 가능 이익의 배분 등 주로 비즈니스 측면을 이야기했는데, 사업 철학을 이야기한 것은 정 상이 처음입니다.… 좋습니다. 저희도 정 상을 응원하겠습니다."

이사장은 얼굴 가득 만족스럽다는 표정을 지으며 그렇게 말한 뒤, 인터폰으로 비서에게 지시했다.

"지금 기념사진을 찍어야 하니, 홍보실에 연락해 촬영 준비를 해서 올라오라고 하세요."

그렇게 해서 기적같이 산노와의 제휴가 성사되었다.

다음 날 우리 부부는 미리 조언해주신 이노우에 상과 조찬 자리에 함께했다. 이노우에 상은 우리를 만나자마자 첫마디로 말했다.

"두 분의 얼굴을 보니, 계약이 잘 성사된 것 같네요. 그렇지요?"

"예, 잘되었습니다. 이번에 도와주셔서 감사합니다. 그런데 궁금합니다. 왜 비즈니스 미팅에 집사람을 함께 참석하도록 조언하셨는지요?"

"아, 그 점이 궁금하셨군요? 하하하. 사업 제휴의 가능성을 염두에 두고 있는 산노 이사장의 입장에서는 짧은 만남만으로는 당신이 신뢰할 수 있는 사람인지, 아닌지를 잘 알 수가 없지요. 일본에서는 관계를 오래 이어가며 신뢰를 쌓는 것이 일반적이고, 능력보다는 인성과 인품을 더 중요시하는 경향이 있어요. 정 상은 외국인인데다 그렇게 오래 신뢰를 쌓아갈 시간이 충분하지 않으니, 부인도 함께 만나 이야기를 나누다 보면, 부인이 주는 인상과 말에서 정 상의 삶을 조금 더 잘 읽을 수 있게 되는 것이지요."

"아하, 그래서 동부인하라고 조언하셨군요!"

계란으로 바위 치기라던 그 도전에서 7개월간 포기하지 않는 노력을 기울여 마침내 제휴에 성공을 거둔 쾌거 이후부터는 내가 원하던 사업 분야에 매진하면서 의욕의 불꽃이 활화산처럼 용솟음쳤고, 그 사업을 하는 10년 동안은 내 인생에서 가장 행복한 때로 손꼽힌다. 그리고 그 때 받은 이노우에 상의 가르침은 삶의 지혜로 그 후에도 오랫동안 잊히지 않았다.

성공을 거두기 위해서는 열의와 포기하지 않는 노력은 물론이고, 왜 그 일을 하고자 하는지에 대한 확고한 신념과 그 일을 하는 것의 가치를 당당하게 설명할 수 있어야 한다.

4

최초의 한국 컬러TV
일본 수출

*일본 회사에 전자제품을 팔겠다는 발상을 아무도 하지 않던 시기에
일본 최고의 전자제품 회사였던 NEC에 컬러TV를 수출하기로 했다. 당
시 미국에 수출되던 대우전자의 컬러TV 샘플 한 대를 제출했다. 그런
데 2주일 후에 받은 품질 검사 보고서를 보는 순간, 나는 경악하고 말
았다. 보고서에는 약 100가지 이상의 불량 항목과 그 내용이 상세히 기
술되어 있었고, 그중 절반 이상은 중대 결함이었다.*

1986년은 소니·마츠시타·NEC·도시바 등 일본의 가전이 세계적
인 명성을 날리던 때였다. 한국 제품은 일본 제품에 비해 품질 면에서
경쟁력이 없어서 싼값을 무기로 시장을 개척하던 시기였다. 한국 사람
들이 일본에 가면 코끼리표 전기밥솥을 사 들고 오고, 일본 전자제품의
메카인 도쿄 아키하바라는 한국인의 필수 관광·쇼핑 코스였다.
나는 대우전자가 미국에 수출하고 있던 컬러TV를 일본에 수출하겠

다는 목표를 세우고, 그에 도전하기 위해 일본 가전제품의 선두 그룹 중 하나인 NEC의 문을 두드렸다. 콧대가 높기로 하늘을 찌르던 일본 가전제품의 자존심 중 하나인 NEC에 한국산 컬러TV를 판매하려 한다는 나를 향해 주위의 사람들은 이구동성으로 헛고생하지 말라며 말렸다.

그때는 대우전자가 일본의 전자부품을 많이 수입하던 시기여서 도쿄에 주재하는 전자부품 수입 담당 이사의 소개를 받아 NEC TV 사업 본부장을 만날 수 있었다. 우리가 부품 구매자, 즉 바이어였으니 그냥 한 번 만나 준 것이었다. 그때부터 영업맨의 기질을 살려 TV 수출의 가능성을 타진하고, 이에 도전했다.

"지금 일본의 경제 동향으로 볼 때, 인건비와 물가가 상승할 것이 예상됩니다. 머지않아 14인치 TV 등은 채산성이 떨어지게 될 것이기에, 조만간 해외 생산을 고려하지 않을 수 없지 않겠습니까? 지금 당장은 수입을 결정하지는 않더라도 일단 저희 제품을 한 대 보내 드릴 테니, 평가나 한번 부탁 드립니다."

NEC도 한국 TV 품질에 호기심을 가졌는지, 아니면 나의 판단대로 채산성의 압박을 받아 해외 생산의 필요성을 느꼈는지, 본부장은 선뜻 우리 제품을 테스트해보겠다고 수락했다.

샘플을 전달하고 한 달쯤 지났을까? NEC에서는 나를 일본으로 불러들여 검사 결과서를 보여주었다. 역시 일본다웠다. 우리 제품을 현미경으로 들여다본 듯이 상세한 검사 보고서를 내밀었는데, 그 보고서를 보는 순간 나는 엄청난 충격을 받고 그 자리에 주저앉고 말았다. 보고서에는 100여 가지 항목으로 검토 의견이 기술되어 있었는데, 그중 약

50여 개 항목은 중대 결함으로 지적되었고, 나머지 50여 개 항목은 단순 결함으로 표기되어 항목별 결함의 사유까지 상세히 적혀 있었다.

멀쩡하게 미국으로 수출하고 있는 제품인데, 그렇게 많은 중대 결함이 지적되었다는 것에 실망스럽기도 하고 화도 났다. 이렇게 결함이 많은 상태에서는 아예 상담 가능성이 없겠다는 생각마저 들었다. 그래도 나는 포기하지 않았다. 그 검사 결과서를 전부 번역해 대우전자에 보내면서, 지적된 결함을 모두 보완해 샘플을 다시 보내 달라고 요청했다.

대우전자 측에서는 수입할 의사가 전혀 없는 NEC가 괜히 트집만 잔뜩 잡아서 망신을 주는 것이라고 화를 냈지만, 나는 그들의 의견이 터무니없는 것이 아닐 테니 일단 지적된 사항들을 개선해서 샘플을 다시한번 만들어 평가받아 보자고 대우전자를 설득했다.

그렇게 해서 다시 샘플을 만들어 보냈다. 나는 종전 제품에 비해 일부 개선이 되기는 했지만 그래도 여전히 지적된 항목이 많은 검사 결과서를 두고, NEC와 대우전자 엔지니어들이 도쿄에서 회의를 갖도록 주선했다.

대우전자에서는 기구와 회로 관련 엔지니어 2명이 출장을 왔는데, 놀랍게도 NEC 측은 영업 2명, 기구 2명, 회로 2명, 생산 2명 품질 2명 본부장 1명 등 11명이 그 회의에 참석했다. 일본 측이 진지한 태도로 그 회의에 임하고 있다는 것을 확인할 수 있었다. 일본 측 참석자들로부터 엄청나게 많은 질문이 쏟아졌다. 그렇게 장시간의 회의를 마친 후, 대우전자 엔지니어들은 이번에는 틀림없이 개선된 샘플을 다시 내겠다고 약속하고 돌아갔다.

그다음에 다시 샘플을 냈는데, 또다시 많은 항목이 지적되었다. 그렇게 계속 수정 작업을 해서 다시 샘플을 제시하고 회의하면서 시간이 걸리자, NEC 측에서는 내가 대우전자 측에 제대로 내용을 전달하지 않아서 이런 문제가 계속 생기는 것 아니냐며 나를 질책했다. 대우전자 쪽에서도 마찬가지로 나에게 애당초 되지도 않을 일을 벌여 괜한 고생을 시킨다고 화를 냈다.

1년 반 정도 고생해서 상당히 개선된 결과물을 내는 시점까지 다가가던 어느 날, 대우전자로부터 맥이 확 풀리게 하는 한 통의 팩스가 왔다.

'정 차장, 그동안 수고 많으셨습니다. 우리는 NEC의 요구 수준을 전부 맞출 수가 없어서 이쯤에서 포기하겠습니다.'

나는 대우전자로부터 팩스를 받은 다음 날, NEC를 방문해 대우전자 본사의 의사를 전달하면서 이렇게 물었다.

"NEC 제품도 당신들이 요구하는 이런 까다로운 품질 기준에 모두 적합합니까?"

약간 지쳐 있는 상태의 내 말투에는 짜증이 섞여 있었다.

"물론 우리도 100% 완벽한 제품을 생산하기는 어렵지만, 생산 라인에서 우리가 요구하는 수준을 맞추려고 노력하면 불량률이 크게 줄어들게 되지요. 그와 마찬가지로 이제 대우전자 제품도 우리의 요구 수준에 거의 근접하고 있어요. 그래서 저희는 대우전자의 제품을 수입할 경우에 중단될 국내 TV 생산 라인의 인원들을 어디로 배치할지를 비롯해 세부 계획 수립에 이미 들어간 상태예요. 그런데 지금에 와서 갑자기 못 하겠다고 만세를 불러 버리면 어떻게 합니까?"

일본에서의 비즈니스는 통상적으로 시일이 오래 걸린다. 그런데 일본 비즈니스의 속성을 잘 모르는 상태에서, 더욱이 '빨리빨리'에 익숙해져 있던 대우전자의 입장에서는 더 이상 시간을 끌며 진행하는 것이 싫었던 것이다.

"지금에 와서 대우전자가 만세를 부른다면, 우리는 이 사례를 일본 전자회사들에 알려, 향후 어떤 일본 기업도 대우전자와는 새로운 프로젝트를 진행하지 못하도록 하겠습니다."

NEC 측은 대단히 화가 나 있었다. 서둘러 그 내용을 서울에 알리고, 맥이 빠진 나는 다음 날 가족들과 함께 바닷가로 휴가를 떠났다. 모처럼 갖는 며칠간의 휴가였기에 아이들과 집사람이 좋아했다. 그런데 휴가지에 도착한 첫날 저녁에 회사에서 전화가 왔다.

"대우전자의 김용원 사장님과 윤원석 부사장님이 내일 아침 비행기로 도쿄에 도착할 것이니, 정 차장은 즉시 NEC와의 미팅을 준비하세요."

일본 비즈니스 속성을 잘 알고 계시던 김 사장과 윤 부사장께서 사태의 심각성을 바로 이해하고 해결에 나선 것이었다.
모처럼 바닷가에 가족 휴가를 왔는데 놀아 보지도 못하고, 다음 날 아침에 바로 도쿄로 돌아와 미팅했다. 그 자리에서 대우전자 측은 진지하게 사과했고, 진행하던 프로젝트를 계속하기로 합의가 되었다.

대우전자에서 생산하고, NEC 브랜드로 전 세계에 수출하는 프로젝트는 그렇게 다시 계속되었다. 최종 마무리 단계에서 나는 본사로부터 귀임 명령을 받고 귀국했기 때문에 최종 결과까지는 보지 못했지만, 까다로운 일본의 품질 개선 요구에 부응하려 노력하고, 생산 라인에도 일본 엔지니어들이 여러 명 파견되어 세심하게 지도함으로써 대우전자의 TV 품질은 놀라울 정도로 향상해 수출량이 크게 늘었다.

나의 무모해 보이기는 했지만 끈질긴 도전은 결과적으로 한국 TV의 수출에 큰 성과를 냈고, 기술력 향상이라는 보이지 않는 이익도 가져왔다.

남들은 꿈도 꾸지 않던 시절에 TV 일본 수출에 도전해 우여곡절 끝에 성공으로 이끈 그 성과는 내 마음에 영원히 남는 무형의 훈장이다. 여러분도 가슴에 달린 훈장을 세어 보시고, 앞으로 가슴에 달 훈장을 그려 보시길 바란다.

5

불가능하다는 연수원장 vs 가능하다는 정 원장

"연말까지 7,500명 전원을 대상으로 2박 3일간의 정신교육 훈련을 실시합시다."

"사장님, 연말까지 7,500명을 교육한다는 것은 물리적으로 불가능합니다."

연수원장의 대답에 사장께서는 나를 쳐다보며 물었다.

"정 원장은 어떻게 생각하시오? 가능하겠소?"

"예, 가능합니다."

나는 지체하지 않고 선뜻 대답했다.

"이것 보세요. 정 원장은 된다고 하지 않아요?"

한국중공업이 두산 컨소시엄의 입찰 승리로 민영화하면서 초대 사장으로 취임하신 전 대우그룹 윤영석 회장의 전화를 받았다. 1998년 6월 4일이었다.

"정 원장, 지금도 교육 컨설팅 사업을 하고 있지요? 내가 모레 창원에 있는 한국중공업의 사장 사옥에 잠시 들렀다가 합천에 있는 연수원으로 갈 예정인데, 같이 갑시다."

연수원에 도착하니 중역들이 나와서 대기하고 있다가 새로 부임하는 윤 사장을 현관에서 맞았다. 회의를 소집한 것 같았다. 민영화가 됨에 따라 경영 혁신을 위한 구조 조정의 태풍이 몰아칠 것이 예상되는지 모두 긴장한 모습이었다.

중역들과의 상견례 겸 향후 경영 방침을 이야기하고 강당에서 나온 윤 사장께서는 연수원장과 나를 불러 앉혀 놓고 말씀하셨다.

"이제 민영화가 되었으니 직원들의 근무 자세나 정신 자세도 크게 바꾸어야 해요. 우리 회사 경영 혁신의 첫 단계로 전 사원에게 효율성·생산성, 글로벌 경쟁력의 중요성을 가르쳐 의식 전환을 시켜야 합니다. 7,500명 전 사원을 12월 말까지 2박 3일 과정으로 교육하고자 합니다."

그 말을 들은 연수원장이 난감한 표정을 지으며 말했다.

"사장님, 지금 지시하신 연수 교육을… 연말까지 수행하는 것은 여러 면에서… 물리적으로 불가능합니다."
"왜 불가능하지요?"

연수원장의 답변이 마음에 들지 않는다는 듯이 윤 사장이 물었다.

"지금부터 교육을 실시한다는 내용을 공고하고, 업체로부터 제안서를 받아 교육 내용을 평가해 업체 선정을 마치면, 교재도 만들어야 하고… 그런 준비를 해서 교육을 실시하려면 빨라야 8월 중순 이후부터나 시작할 수 있습니다. 연수원에는 36명씩 들어가는 교실이 3개뿐이어서 하반기 20여 주일 동안 매주 2회씩 교육을 실시한다고 하더라도… 36명씩 교실 3개에 1주에 2회씩 20주 동안 교육을 실시하면… 계산상으로 연내에는 4,320여 명밖에 감당할 수가 없습니다. 그래서 7,500명 전 사원에 대한 교육을 연내에 마친다는 것은…연수원 여건상 불가능합니다."

윤 사장이 나를 쳐다보며 물었다.

"정 원장은 어떻게 생각하시오? 가능하겠소?"

나는 지체하지 않고 선뜻 대답했다.

"예, 가능합니다."
"이것 보세요. 정 원장은 된다고 하지 않아요? 이래서 내가 정신교육을 시키자고 하는 겁니다. 당신들은 안 된다는 생각으로부터 출발하는데, 정 원장은 가능하다는 생각에서 출발하니… 기본부터가 다르잖아요. 연수원장은 지금부터 정 원장을 지원해서 연말까지 교육을 마치도록 하세요. 이상입니다."

윤 사장께서 그렇게 말하고 회의실에서 나가자, 연수원장은 나에게

역정이 잔뜩 묻어나는 어투로 말했다.

"아니, 정 원장은 왜 잘 알지도 못하면서 할 수 있다고 큰 소리를 쳐서 나를 망신시키는 겁니까? 우선 생각해보더라도 강의장이 모자라고, 준비 시간도 짧은데… 그게 어떻게 가능하다고 큰 소리를 치는 겁니까?"

나는 약간 흥분한 상태에 있는 연수원장이 마음을 가라앉힐 수 있도록 짐짓 차분한 어조로 말을 시작했다.

"원장님, 위기는 기회입니다. 한번 같이 길을 찾아봅시다. 제가 하자는 대로 하시면, 원장님은 오히려 칭찬받고 진급도 하실 것입니다."

나는 연수원장에게 차근차근히 내 계획을 설명했다.

"지금부터 서둘러 준비해 7월 1일부터 연수를 시작하면 연말까지 24주간 실시할 수 있고, 한 테이블에 의자를 한 개씩만 더 추가하면 한 교실에 42명이 앉을 수 있습니다. 그리고 주 2회전 2박 3일이 아니고, 3회전 2박 3일의 교육을 실시하면 20주에 42명씩 3교실 3회전으로 총 7,560명에 대한 교육을 실시하는 게 가능하다는 계산이 나옵니다. 이 계산대로 진행되면 11월 말이면 교육을 끝낼 수 있습니다."

내 설명을 들은 연수원장은 조금 누그러진 표정을 보이며 물었다.

"의자를 하나씩 더 배치하는 것은 그렇다 치더라도 …어떻게 일주일에 3회전 교육을 합니까?"

내가 보기에도 연수원장의 생각은 자꾸 일이 안 되는 쪽으로만 기우는 것 같았다.

"원장님은 월·화·수, 목·금·토의 2회전을 생각하시는 것 같은데, 제 생각은 다릅니다. 일·월·화, 화·수·목, 목·금·토 이렇게 3회전 교육을 실시하자는 이야기입니다. 연수생들이 겹치는 화요일과 목요일에는 입소하는 팀의 이동 시간을 고려해 10시부터 12시까지 강당에서 전체 특강을 실시하고, 퇴소하는 팀은 11시 30분까지 교실에서 교육하면 강의실 문제는 해결됩니다."

"그런데 입소와 퇴소가 겹치는 화요일과 목요일에는 오전 교육을 마친 팀과 새로 도착하는 팀이 모두 점심 식사를 해야 하는데, 식당 좌석이 모자라 대혼란이 발생할 것 같은데… 그건 또 어떻게 합니까?"

"퇴소하는 팀은 조금 이르게 11시 반부터 식사를 시작해 퇴소하고, 입소하는 팀은 강당에서의 특강을 마치고 12시 10분부터 식사하게 하면 큰 혼란은 없을 겁니다."

"그런데 토요일과 일요일에도 연수를 실시한다는 건 아무래도 문제가 있어요. 그건 불가능합니다. 노조가 가만 있지 않을 겁니다."

"그것은 협상으로 풀어야지요. 협상도 하기 전에 안 될 거라고 생각하지 마시고, 협상 방법을 연구해봅시다. 중역 연수, 부장 연수 그리고 과장 연수 순으로 풀어 가면서 노조의 반발이 심할 것으로 예상되는 과장급 이하에 대해서는 시간을 벌 수 있으니 조금 더 연구해봅시다."

당신을 만나면 힘이 나요

하나하나 장애물을 걷어내듯 하는 나의 설명을 들으며, 연수원장은 비로소 가능성의 문턱을 넘어서는 것으로 보였다.

"그건 그렇다 치고… 하반기 교육을 7월 1일부터 실시한다고 하시는 데… 오늘이 벌써 6월 6일 아닙니까? 지금부터 연수 계획을 입안하고, 결재받고, 각 부문 직원들의 연수 참여 계획서와 명단도 받아야 하고, 연수복도 주문해야 하고… 그런 준비 절차를 밟아 연수를 시작하려면 아무리 빨라도 8월 초에나 될까… 그러면 또 여름휴가 기간이 될 것이고… 말씀대로 한다고 해도 전체 여름휴가가 끝나야 교육 시작이 가능할 것 같은데요?"

"여러 가지 사정은 충분히 이해합니다. 그러나 7월 1일에 첫 교육을 실시한다고… 시작 날짜를 정해놓고 일단 서둘러 봅시다. 하면 됩니다. 서류 절차상 문제가 없도록 업체 선정 업무는 제가 책임지고 처리해드리겠습니다. 제가 아는 교육 업체 2~3군데가 서류상 입찰에 응하도록 하겠습니다. 저도 이제부터 강의 프로그램 준비와 강사 교육 등을 서두르겠습니다."

나는 머릿속에서 빠르게 돌아가는 교육 계획도의 첫째 칸을 열어, 매조지듯 말했다.

"그리고 첫 연수는 중역들부터 시작합니다. 6월 30일 토요일과 7월 1일 일요일에 1박 2일 코스로… 첫날은 창원에서 연수원까지 버스를 타고 오는 것을 고려해 오전 10시부터 밤 10시까지, 다음 날에는 오전 8시부터 오후 5시까지 실시합니다.

그 대목에서 연수원장이 눈을 둥그렇게 뜨며 말했다.

"중역들을 대상으로 토요일과 일요일에… 그것도 밤 10시까지 교육을 실시한다는 말입니까?"

"제게도 다 생각이 있어서 그렇게 하는 겁니다. 중역들은 꼼짝 못 하고 따라오게 되어 있습니다. 그러면 연수가 장난이 아니라고 소문이 날 겁니다. 그다음 부장들을 밤 9시까지 교육하면, 그래도 중역들의 경우보다는 낫다고 불만이 줄어들 겁니다.… 그다음 과장들은 밤 8시까지, 사원들은 저녁 7시까지 점차 줄여 가며 교육을 실시하자는 말입니다."

"사원들의 반발이 심할 텐데요?"

"이번 교육은 '회사가 민영화되니까 뭔가 확 달라지는구나!' 하는 것을 실감하게 해주려고 하는 것입니다. 원장님은 행정적인 절차만 잘 처리해주시길 부탁합니다."

나는 서울에 올라오자마자 그동안 여러 차례 연수원을 빌려 교육 프로그램을 진행하는 과정에서 잘 알고 지내던 현대그룹의 인재개발원 원장님을 찾아갔다. 한국중공업의 사원 교육 프로젝트 수주 상황을 설명하면서, 수주 금액의 10%를 현대인재개발원에 로열티로 지급하기로 했다. 그리고 그 대가로 현대가 보유하고 있는 좋은 교육 자료들을 우리 프로그램 개발에 사용하고, 최우수 강사 요원 1명을 20일 정도 프로그램 개발에 투입하기로 협상했다. IMF 금융 위기를 맞아 그 연수원에서도 거의 교육이 실시되지 않았던 때라 협상이 수월했다.

우리 회사가 가지고 있던 특수 진단 프로그램, 일본의 사원 관리자 콘텐츠들, 그리고 현대인재개발원의 훌륭한 영상 콘텐츠 등을 이용하

당신을 만나면 힘이 나요

고, 최정예 강사 요원이었던 최종택 교수와 철야로 프로그램을 개발했다. 그 결과, 지금까지 없었던 최고의 조직 활성화 프로그램이 완성되었다.

그렇게 시작한 연수 결과는 곧 수강자들의 매우 높은 만족도 평가로 나타났으며, 우려했던 노조의 반발도 협상으로 잘 마무리할 수 있었다. 그렇게 해서 12월 초에 전 사원에 대한 교육을 모두 끝낼 수 있었다.

한국중공업의 연수가 높은 효과를 거두었다는 소문이 나서 많은 기업이 자기네 회사에도 우리의 교육 프로그램을 도입하면 좋겠다고 희망하고 나섰다. IMF 불황기였음에도 강사진들과 함께 열정을 불태우며 활발히 활동했던 그 몇 년간은 내 인생에서 잊을 수 없는, 행복한 시절이었다.

어떤 제안을 하거나 아이디어를 내면 부정적인 견해부터 이야기하는 사람을 나는 싫어한다. 어떤 일이든 될 수 있다, 할 수 있다는 신념을 가지고 방법을 찾는 사람들은 대체로 성공을 거두는 것을 자주 본다.

6

최하위 부서를
최우수 부서로

7년간의 일본 주재원 생활을 마치고, 본사의 섬유 원단 수출 부서장으로 귀임했다. 상견례를 겸해서 직원들을 면담하는 자리에서 몇 명의 직원들이 번갈아가며 말했다.

"부장님, 다른 부서로 보내 주세요. 이런 부서에서는 썩고 싶지 않습니다."

"부장님은 운이 참 없으시네요. 어쩌다가 이런 부서를 맡으셨어요?"

생각도 못 한 충격적인 이야기였다.

일본 주재원 생활이 7년이 넘어가도록 본사로의 귀임 발령이 나지 않았다. 그대로 있다가는 아이들을 차별받는 재일교포처럼 만들 것 같았다. 사표를 내겠다고 하면서 약간의 소동 끝에 인사 철이 아닌 8월, 본사의 수출 부서장으로 귀임했다.

처음 참가한 전체 부서장 회의 때 기획실에서 배포한 회의 자료를 보니, 우리 부서는 수많은 영업 부서 중 사고(클레임) 건수 1위, 수출 실적 달성률 최하위, 적자 1위 부서로 적시되어 있었다. 모든 분야에서 최하위 성적을 기록하고 있었던 것이다. 내 책임은 아니었지만, 너무나 부끄럽고 당황스러워 얼굴을 들 수 없었다. 부서 직원들이 첫 면담 시 토로한 우리 부서의 처참한 실상을 바로 알게 되었다.

그대로 실적이 개선되지 않으면 승진에서도 밀리고, 결국 나 스스로 회사를 그만두게 될 것이 불을 보듯 뻔한 일이었다. 실적 향상을 위한 과감한 부서 혁신에 도전해보아야 그만두더라도 후회가 남지 않을 것 같았다.

3개 과의 과장 3명과 각 과의 남자 직원 4명씩 총 15명(보조 업무 여직원 12명은 제외)을 회의에 소집했다.

"어차피 여러분들이나 나나 여기서 이대로 주저앉으면 인생의 패배자라는 꼬리표만 붙게 될 것입니다. 이제부터 부서 운영을 획기적으로 혁신할 것이니, 함께 1년만 노력해봅시다. 아니, 1년까지 갈 것도 없습니다. 6개월만 함께 노력해보고 그때도 가능성이 보이지 않으면, 나부터 사표를 낼 것입니다. 그때는 여러분도 알아서 타 부서를 찾든가, 타사로 옮기든가 갈 길을 정하는 것이 좋겠습니다. 만약에 성공의 가능성이 보이면 그 성공 노하우로 조직에서 더 크든가, 빠른 시일에 무역회사를 창업하시길 바랍니다. 그러니 우리 배수의 진을 치고 한번 노력해봅시다."

나는 최후의 결전을 앞둔 장수처럼 단단한 의지를 밝혔고, 직원들도 흔쾌히 내 의견에 동의해주었다.

그때부터 실시한 대표적 혁신의 내용을 항목별로 소개하면 다음과 같다.

첫째로, 12명의 여직원들을 자기 자리에서 일으켜 세워 앞뒤로 자리를 바꾸게 했다. 당시에는 남자 영업 직원 옆에 보조하는 여직원이 1명씩 짝을 이루어 앉았다. 매일 같은 남자 직원의 같은 서류 작업만 반복하다 보니 모두 매너리즘에 빠져 있을 법한 상황이었다. 여직원들 전원을 앞뒤로 한 번에 자리바꿈했더니 서로 물어볼 것이 많아서 그런지 축 처져 있던 사무실 분위기가 별안간 시장터처럼 시끌벅적해졌다. 활기를 찾아가는 모습이었다.

둘째로, 여직원들의 업무 교체가 안정기에 접어들어 가는 한 달쯤 뒤에, 이번에는 남자 직원들의 담당 업무를 일시에 교체했다. 해외 출장, 국내 출장이 잦았던 부서의 특성상 1명이 출장을 가면 해외 바이어로부터 연락이 와도 그 직원이 돌아올 때까지는 그 업무가 중단되었다. 업무를 맞교환하고 나니, 누가 출장을 가도 전임자가 대신 일을 해줄 수 있어서 업무가 중단되는 일이 없어졌다. 그리고 뜻하지 않은 수확이 있었다. 담당자별로 보고하지 않고 숨기고 있던 클레임이나 바이어들과의 미해결 과제들이 수면 위로 떠올라 빠른 시일 내에 수습하게 되었다.

셋째로, 실적 평가 방법을 바꾸었다. 그때까지는 수출 실적만이 평가의 1순위였다. 운이 따라서 좋은 미주 지역이나 좋은 바이어를 맡은 직원들은 별 고생을 하지 않고서도 좋은 평가를 받았고, 중동·아프리카나 유럽의 작은 지역을 맡은 직원들은 고생은 고생대로 하면서도 실적

당신을 만나면 힘이 나요

이 저조해 좌절하는 분위기였다.

그래서 미주 지역의 고정 바이어에 의한 실적은 매출의 50%, 기타 지역은 100%, 신규 개척 지역은 매출의 200%를 인정하겠다고 실적 평가의 척도를 바꾸었다. 손익 개선을 위해 1만 불 이하의 계약은 10% 이상의 흑자가 예상되어야 수주하게 하고, 기타 계약은 5% 이상의 흑자가 나지 않으면 수주를 불허했다. 실적 부풀리기의 행태는 바꾸어야만 했다. 특별히 정책적 수주가 필요한 큰 오더인 경우에는 예외적으로 부서장과 상의해 기준 이하의 이익이 나도 수주가 가능하도록 했다. 그러자 매출 숫자만 달성하면 된다는 분위기가 사라졌고, 부서의 손익이 급격히 개선되었다.

넷째로, 과장들의 포지션 교체를 단행했다.

부서의 수출 품목은 섬유 원단이었는데, 소재 품목별로 특성이 있었고 수출 지역별로도 특성이 있었다. 그러나 원단이라는 큰 틀에서는 크게 다르지 않았다. 그래서 1과장을 2과장으로, 2과장을 3과장으로, 3과장은 1과장으로 옮기도록 지시했다. 그러고는 3명의 과장 중 특별한 경우 이외에는 1명만 해외 출장이 가능하도록 했다. 그동안에는 과장들이 해외 출장을 가면 결재 업무가 지체되거나 담당자가 직접 부장에게 서류를 들고 왔는데, 과장 포지션 이동 후에는 어느 과장이 해외 출장을 가도 전임 과장에게 결재받도록 했더니, 업무 지체가 없어졌다.

다섯째로, 전결 규정을 과감히 개선했다.

우선 일정 액수 이하의 계약 결재나 일정 금액 이하의 클레임 관련 보고는 과장 전결로 결재 시스템을 바꾸었다. 작은 거래까지 일일이 부장에게 보고하는 일이 없어지자 과장들도 책임감 있게 업무에 임하게 되었다.

그리고 긴급한 결재의 경우에는 상무가 주재하는 부서장 회의 중이라도 기다리지 말고 비서를 통해 쪽지를 넣어 달라고 했다. 그런 경우의 대부분은 회의 중 잠시 나와서 결재가 가능했다. 결재의 병목 현상이 사라졌다.

부서장인 내가 해외 출장 중에는 일정 금액 이상의 계약 업무나 긴급한 경우 과장이 직접 상무에게 결재받도록 했다. 그것은 과장들도 상무에게 실력을 어필할 수 있는 기회가 되기도 했다.

그 외에 바이어 접대비 사용 역시 각 과장에게 일정 금액을 할당해 일일이 부서장 눈치를 보지 않고서도 사용할 수 있도록 했다. 그것은 과장들의 자존심을 살리는 결과를 가져왔다.

여섯째로, 과감한 해외 전시회 참여를 실시해 직원들의 능력을 키웠다.

섬유 원단을 취급하는 부서는 당연히 세계 의류 패션의 동향을 알아야 했다. 그리고 그 패션의 흐름에 따른 원단을 준비하고, 세일즈를 해야 했다. 그러다 보니 봄·가을로 해외의 유명 전시회에 과장들과 부서 소속 원단 디자이너가 출장을 다니는 것이 관례처럼 되어 있었다. 말하자면 남이 차려 놓은 밥상을 구경만 하러 다닌 셈이었다. 전시회 정보나 패션 트렌드는 매스컴이나 관련 잡지에 분석 기사가 나오므로, 지금까지 관례처럼 가던 출장은 의미가 크지 않았다.

다음 시즌부터는 우리 부서가 직접 해외 전시회에 부스를 빌려 전시회에 주체적으로 참여하기로 결정했다. 그러려면 트렌드를 예측하는 정보 수집 능력을 길러야 했고, 트렌드에 맞는 원단을 수배해 바이어들

당신을 만나면 힘이 나요

에게 제시해야 했다. 한 번의 전시회에 4명씩 참가해서 현장 세일즈를 하도록 하고, 그때마다 3개월 전에 미리 참여자를 결정해 준비시키면서 국내의 유명 섬유회사 간부를 초청해 학습하는 기회도 만들었다. 자연히 부서원 전체의 상품 지식과 세일즈 능력이 크게 향상했다.

일곱째로, 해외 출장 품의 방식을 개선했다.

해외 출장이 잦았던 부서의 특성상 해외 출장을 효율적으로 다니면서 성과를 올려야 했다. 그래서 출장 품의서를 제출할 때는 동일 지역을 다녀온 전임자가 써낸 출장 보고서 카피본을 첨부하고, 전임자가 느낀 점, 바이어의 특성, 상담에 주의할 점 등을 모두 파악해 나에게 설명해야 결재했다. 그랬더니 변화가 생겼다. 사전 준비도 철저히 했지만, 다녀와서 제출하는 출장 보고서를 후임자들이 보게 되므로 출장 보고서 내용을 상세히 쓰게 되었다.

또한 출장자마다 귀국 후 바로 다음 월요일의 직원 조회 때, 세일즈 실적과 느낀 점을 설명하도록 해서 다른 영업 직원들에게 간접 경험의 기회와 배움의 기회를 제공하게 했다.

여덟째로, 출장 지역별 출장자 규정을 바꾸었다. 지금까지 과장은 해외의 좋은 지역으로, 대리 사원은 열악한 지역으로 출장을 가던 것을 과장들이 열악한 지역으로 가게 했다. 부서장인 나도 아프리카 리비아를 직접 담당해서 3만 달러의 도전이 결실을 맺으며, 직원들은 희망의 불꽃을 태우기 시작했다(제2장 2. 사표를 담보로 받은 3만 달러의 도전 참고).

이렇게 개선책을 세워 밀어붙인 결과, 8월에 부서장으로 귀국한 첫해에 6,000만 달러가 목표였던 수출 실적이 다음 해 11월에 1억 달러를 가볍게 넘겼다. 부서 클레임도 눈에 띄게 줄어들고, 흑자도 크게 나는 우량 부서로 탈바꿈했다. 매달 실시하는 전체 부서장 회의에서 공개되는 부서 평가 지표가 놀라울 정도로 개선되자 모두의 부러움을 샀다. 내가 부임했을 때 다른 부서로 보내 달라며 패배 의식에 젖어 있던 부서원들의 자신감 또한 크게 상승해, 우리 부서에 근무하는 것에 대해 자부심을 느끼게 되었다. 시들어가던 꽃이 활짝 피어나기 시작한 것이다.

이듬해 1월에는 우리 부서의 활약상이 대우그룹 잡지에 소개되었고, 새해 벽두에 힐튼호텔 컨벤션센터에서 실시한 2,000여 명의 대우그룹 전체 신입 사원 입사식 때, 나는 영광스럽게도 회장단 앞에서 선배 사원들을 대표해서 환영 인사도 했다.

감독을 바꾸면 팀의 성적이 바뀌듯 간부들도 새로운 전략으로 배수의 진을 치고 도전하면 얼마든지 혁신적인 성과를 올릴 수 있고, 그 성과는 자기 개인의 금메달같이 오래도록 자부심을 떠받쳐 주며 남게 된다.

변화와 혁신으로 성과를 내기 위해서는 우선 열정이 있어야 한다. 그리고 열정을 불태우며 변화와 혁신을 주도할 때 그때가 인생에서 가장 행복한 때다.

7

시계,
한국 최초로 일본 수출

도전은 가보지 않은 새로운 길을 가는 것이다. 나는 한국 최초로 일본에 피아노와 벽시계를 수출하는 일에 도전하면서 마치 호랑이를 잡기 위해 호랑이 굴에 들어가듯이, 당시 일본 최고의 기업 야마하와 세이코의 문을 두드렸다.

지금도 일본 시장을 개척하기가 어렵지만, 1980년대 중반은 일본 시장으로의 수출 개척이 너무도 힘들고 어려운 시기였다. 1985년부터 일본 NEC에 14인치 컬러TV 수출 프로젝트를 시작했고, 1986년과 1987년에는 한국 최초로 벽시계와 피아노 수출에도 도전했다. 한국 최초의 기록을 만들어보겠다는 열정의 불꽃이 내 안에서 타오르기 시작했다.

대우정밀에서 생산하는 벽시계를 일본에 팔기 위해 당시 높은 콧대가 하늘을 찌르던 세계적 시계 메이커 세이코를 찾아갔다. 샘플을 보여주면서 열심히 설명했으나, 일본식으로 점잖게 그러나 일언지하에 퇴짜를 맞고 말았다.

그러나 그대로 물러설 수가 없었다. 좋은 방법이 없겠느냐며 계속 매달리니까 세이코의 담당자가 질렸다는 표정을 지으며 던지듯이 말했다.

"'마루만'이라면 어떨지 모르겠네요. 거기 담당자를 소개해주지요."

일본은 맨땅에다 헤딩하는 식으로는 계약 성사가 어려운 시장이다. 그나마 담당자를 소개받았으니 물꼬는 트인 셈이었다.

마루만 담당자를 만나 세이코의 다나카 씨 소개로 왔다고 인사를 하고, 받았던 명함을 보여주면서 제품 설명을 시작했다. 그 후 여러 차례의 미팅 후에 주문을 받는 데 성공했다. 그런데 그렇게 어렵게 성사시켜 일본에 도착한 시계를 통관하는 과정에서 기가 막히는 일이 발생했다. 일본 세관은 통관 불허 판정을 내림과 동시에 물건을 한국으로 반품하라고 통보했다.

서울의 수출 담당자에게 일제 마루만의 벽시계 샘플을 보내면서 그것과 품질이나 포장 등을 똑같게 만들어달라고 했더니, 벽시계 전면부의 문자판에 있는 원산지 표기마저 'Made in Japan'이라고 똑같이 인쇄해서 수출한 것이었다.

'Made in Korea' 제품을 'Made in Japan'이라고 인쇄해서 수출했으니 통관이 될 리가 없었다. 한국으로 반송하거나 폐기 처분을 하라는 통보를 받으니, 아주 난감했다. 그 많은 벽시계를 폐기 처분하기에는 손실이 너무나 크고, 또 한국으로 반송하려니 당시에는 수출용 원자재 이외의 제품은 해외에서 일절 수입을 할 수 없던 시절이라 'Made in Japan'이라고 인쇄된 벽시계를 이번에는 한국 세관이 통관시켜 줄 리가 만무했다.

그야말로 진퇴양난에 빠졌다.

서울에 전화했더니 일본 샘플과 똑같이 만들라고 해서 그렇게 했다며, 자기들은 책임이 없으니 현장에서 알아서 방안을 찾으라고 했다.

일본 세관 담당자와 입씨름했지만 별 뾰족한 방법이 나오지 않았다. 나는 세관 담당자에게 과장님을 한 번만 만나게 해달라고 계속 졸라, 겨우 세관 담당 과장을 만났다. 나는 우선 머리를 숙여 잘못했다고 사과하고 자초지종을 설명한 다음, 마침 그 벽시계의 심장에 해당하는 무브먼트가 일본의 세이코 제품이었다는 것에 착안해 궤변을 늘어놓기 시작했다.

"과장님, 저의 큰 실수는 인정합니다. 그런데 한국으로 반품도 불가해서 전량 폐기를 해야 하는 실정입니다. 근검절약 정신이 일본인의 아름다운 미덕인데, 이 멀쩡한 벽시계를 폐기하라는 것은 일본 정신에도 어긋납니다. 그리고 시계의 심장부인 무브먼트가 Made in Japan이니, 이 시계의 품질은 Made in Japan인 것과 뭐가 다르겠습니까? 사람으로 치자면 머리와 심장이 일본 사람이면 해외에서 나갔다가 사고가 나서 그 나라에서 의수·의족을 붙이고 와도 역시 일본 사람이 아니겠습니까? 시계의 정확도와 품질을 보증하는 시계의 심장이 세이코 제품이고, 보시다시피 외관도 훌륭하니, 소비자를 속이는 것도 아니지 않습니까?"

그야말로 이치에 맞지 않는 궤변이었지만, 나로서는 수단 방법을 가릴 처지가 못 되었다. 그렇게 간절하게 설득했다.

한참을 듣고 있던 그 과장이 내게 빠져나갈 구멍이라도 열어 주는 듯한 표정으로 말했다.

"그러면 시계마다 Made in Japan이라고 찍혀 있는 인쇄 부분을 칼로 긁어내면 통관 허가를 하겠습니다."

"아이고, 과장님. 그렇게 하면 얼굴에 상처가 난 상품이 되어 팔 수가 없습니다. 제발 다른 방법이라도 좋으니, 통관 허가를 받을 수 있게 좀 해주십시오."

그렇게 통사정하며 계속 매달렸더니, 같은 월급쟁이 처지에서 내가 딱하다는 생각이 들었는지 그는 한동안 생각한 끝에 새로운 제안을 내놓았다.

"벽시계 앞 유리판에 '이 시계는 일제 무브먼트를 사용해 한국에서 제조한 것입니다'라는 스티커를 붙이면, 이번에 한해서만 특별히 봐주겠습니다."

나는 속으로 '어이쿠, 살았다!' 하고 쾌재를 불렀다. 부랴부랴 스티커를 준비해 세관 창고에서 벽시계의 포장을 전부 열어 세관 과장이 지시한 대로 작업을 마치고 통관했다.

후일담인데, 마루만의 담당자는 유리에 붙인 스티커에 특수 전자총을 쏘아 감쪽같이 떼어내는 방법이 있었다고 했다.

궁즉통(窮卽通)이라 궁지에 몰려 어려운 처지에 몰려도 포기하지 않으면 헤쳐 나갈 길이 생겨나게 마련이다.

당신을 만나면 힘이 나요

8

호비의 탄생

꼬마 호랑이 '호비'로 잘 알려진 아이챌린지는 1세에서 6세까지의 아이들을 대상으로 하는 생활습관 강조 교육 프로그램이다. 일본에서는 부동의 1위 제품이지만, 한국에 도입하는 과정에서 문화와 정서의 차이가 너무 커서 무수한 난관을 극복해야 했다.

가장 큰 문제는 반일 정서 때문에 일본 색채를 가능한 한 많이 지워야 한다는 점이었다. 한국의 어린이들에게 일본식 교육을 시킨다는 잘못된 오해와 소문이 퍼지면 치명적일 수 있다는 우려가 커서 교재의 이름과 캐릭터의 이름부터 바꾸어야 했다.

우선 교재 이름 '고도모차렌지'가 문제였다. '고도모(こども)'는 '어린이'라는 뜻의 일본어이고, '차렌지(チャレンジ)'는 도전을 의미하는 영어 '챌린지(Challenge)'의 일본식 표현이다. 일본에서는 책 이름과 캐릭터 이름은 고유명사이니까 한국에서도 당연히 그대로 사용해야 한다고 했

지만, 우리 국민 정서상 도저히 그럴 수는 없다고 판단해 본래의 의미
는 살리되 한국의 어머니들도 이해하기 쉬운 표현 방식으로 '어린아이'
의 '아이'와 챌린지의 합성어인 '아이챌린지'로 교재 이름을 정하고, 일
본 측을 이해시켜 가야 했는데, 그 과정부터 매우 힘들었다.

다음으로 어린 호랑이 모습을 한 캐릭터의 이름 '시마지로우(しまじろ
う)'는 한자 표기로 '도차랑(島次郎)'이었다. 캐릭터의 이름을 바꾸는 문
제는 정말 간단하지 않았다.

"미키 마우스는 어디에 가더라도 미키 마우스이지, 그것을 '무슨 무
슨 쥐'라고 하지 않는 경우와 같지 않습니까?"

일본 측에서는 그런 논리를 내세우며 좀처럼 물러서지 않았다. 그러
나 나는 '시마지로우'라는 명칭을 그대로 사용하는 것은 일본 색채가
너무 강하고, 의미 전달에도 어려움이 많다는 판단을 했다. 여러 번 내
부 아이디어 회의를 한 결과 캐릭터의 외모가 새끼 호랑이였으므로, 호
랑이의 '호' 자와 베이비의 '비'를 따 붙여서 '호비'라고 부르기로 결정
했다. 그리고 우리의 결정대로 인정해주지 않으면 사업 자체를 포기하
겠다고 버텨, 결국은 합의에 도달했다.

교재에서도 일본 색채를 빼려다 보니 배경 그림과 용어, 그리고 책에
등장하는 생활 풍습 등을 한국식으로 바꾸어 나가야 했다. 우리는 온돌
방인데 일본은 다다미방이었고, 자동차의 핸들 위치도 오른쪽 왼쪽으
로 달랐고, 우리는 숟가락을 쓰는데 일본은 젓가락 위주의 식문화이고,
우리는 밥그릇과 국그릇을 식탁에 놓고 식사하는데 일본에서는 그릇을
손에 들고 먹는 등 생활습관과 교육방식도 매우 달랐다. 비디오 교재는

전체의 스토리만 살리고 대부분 재촬영했다.

영업 방식도 경쟁사들은 이미 가정 방문 교사 등 전국적인 조직을 갖추고 있어서 제로 베이스에서 시장에 진입하는 우리로서는 어려움이 컸다. 처음부터 전국 조직을 구축해 나가기에는 초기 투자 범위가 너무 넓었고, 더구나 처음부터 과감한 투자를 꺼리는 일본의 경영 방식상 불가능해 영업도 기존의 방식과는 전혀 달리해야 했다.

고민 끝에 전화 영업 조직인 콜센터를 갖춰 학부모들에게 전화로 영업하는 시스템을 채택하기로 했다. 그런데 전화 영업을 시작하려면 타깃 연령대 아이들의 부모님 전화번호를 많이 확보할 필요가 있는데, 그것도 난관이었다. 그래서 코엑스 전시장에서 개최되는 유아교육 전시회에 참여해 고객 리스트를 확보하기로 했지만, 이름도 생소한 새로운 회사의 부스는 고객들이 들여다보지도 않을 것 같아 고객의 관심을 끌 만한 무언가를 준비해야 했다.

우선 부스는 대교·웅진 등과 같이 가장 큰 면적으로 확보하고, 대부분의 회사들이 자사 홍보용 자료를 종이 봉지나 비닐 봉투에 넣어 나누어 주는 것에서 한 걸음 나아가 우리는 아예 부모들이 외출 시 기저귀나 우유 등을 담아서 나가도 될 질 좋은 쇼핑백을 준비하기로 했다. 바깥 면에는 캐릭터인 호비를 인쇄하고, 눈에 띄는 컬러와 디자인의 쇼핑백을 대량으로 준비했다.

비용은 많이 들었지만, 그 전시회 첫날 우리의 쇼핑백 때문에 커다란 소동이 벌어졌다. 전화번호와 주소, 아이들 이름 등을 기입해 제출하면 백을 하나씩 증정했는데, 멋진 쇼핑백을 얻으려고 학부모들이 몰려들어 난리 북새통을 이루었다. 심지어는 코엑스 관계자들이 대표인 나를 찾아와 제발 어떻게 질서 유지 좀 하게 해달라고 통사정하기도 했다.

전시회가 진행된 며칠간 코엑스 전시장에는 부모들이 들고 다니는 우리의 호비 가방이 물결쳤고, 심지어 삼성역 쪽으로도 호비 가방의 행렬이 이어졌다. 멋진 데뷔 쇼였다. 그 모습을 전시회에 참관차 출장 온 일본의 담당 본부장이 보고 흥분했다.

또 하나의 난제는 한국은 선행 학습이 대세여서 유아 교재부터 학습 내용 위주로 구성되어 있으나, 일본의 교재는 예의범절과 생활습관 등을 더 중시하는 내용으로 구성되어 있었다. 말하자면 한국 교재가 학습 70%, 생활습관 30%로 구성되어 있다면, 일본 교재는 학습 30%, 생활 습관 70%로 구성되어 있었다. 역시 큰 난관이었다. 많은 토의와 협상 끝에 부문별 구성률을 각각 50%씩 하기로 타협했다.

매월 1회씩 연령별 학습 진도에 맞춰 교재와 비디오테이프, 그리고 교재와 연동되는 장난감이 한 세트로 구성되어 나오는 아이챌린지의 특성상 첫 회분부터 고객 수를 예상하기 어려워 얼마나 많은 교재와 부교재를 준비해야 하느냐가 고민거리였다. 준비했다가 남으면 전부 폐기해야 하기 때문이었다. 장난감·CD·비디오테이프 등 부교재의 경우 미니멈 발주량이 정해져 있기 때문에 아주 적은 양만 발주할 수도 없었다. 사업이 일정한 궤도에 오를 때까지는 출혈을 감수해야 했다.

베네세코리아는 일본이 100% 투자한 회사였는데, 한국 법인의 자본금을 적게 하고, 필요한 자금을 조금씩 지원하는 정책을 채택했다. 그래서 자금을 지원받을 때마다 사업현황과 수정 사업계획서, 자금계획서, 상환계획서 등을 서류로 작성해서 기획실·사장·주주총회·외부 감사의 결의를 각각 통과해야 했다. 한 달에 평균 세 차례씩 일본에 드나들면서 보고하고 승인받아야 하는, 일본식 경영에 아주 질릴 지경이었다.

수많은 난관을 해결해가는 도전의 과정은 험난했지만, 아이챌린지와 호비를 탄생시키고 함께 키운 우리 멤버들이 젊음을 불태우던 그 몇 년간은 금메달 같은 마음의 훈장을 모두에게 하나씩 남겼다.

젊음을 불태우는 도전의 순간들은 비록 힘이 들지라도 평생 간직하며 언제든 꺼내 볼 수 있는 자랑스러운 마음의 훈장이다.

9

예술 섬
나오시마를 알려라

일본 시코쿠 북단의 작은 섬 나오시마는 지금은 한국인들도 많이 찾는 세계적으로 잘 알려진 예술 섬으로 인기 관광지다. 거기에는 지중미술관·뮤지엄미술관·이우환미술관·안도미술관, 밸리갤러리, 숙소 겸 작품인 오발 등이 있고, 해변가 여기저기에 설치된 야외 조각 작품들과 오래된 집들을 활용한 현대미술 이에(家) 프로젝트, 선착장과 목욕탕까지도 작품으로 만들어져 있다.

"정 사장, 예술 섬 나오시마를 한국에도 널리 알려 많은 사람이 방문하게 해주세요."

2004년에 일본 베네세 그룹 한국 사장으로 취임한 지 2년이 되었을 때, 예술 섬 나오시마에서 그룹 사장단 회의가 열렸는데, 그 자리에서 그룹의 후쿠타케 회장이 나에게 내린 특명이었다.

후쿠타케 회장은 예술 섬 완성을 50년간의 장기 프로젝트로 계획하고 막대한 투자를 지속하고 있었다. 2008년까지 한화로 약 6,000억 원을 투자했고, 그 이후에도 투자를 계속해 일본에 큰 문화유산을 하나 남기겠다는 부러운 포부를 나에게 이야기했다. 한국의 몇몇 기관과 회사들이 나오시마와 같은 예술 섬을 한국에 만들기 위해 검토한다고 해서 그 회의에 여러 번 참여해보았지만, 그렇게 막대한 자금을 투입하며 50년간의 장기 프로젝트로 추진하겠다고 생각하는 기업은 없었다.

모네(Claude Monet)의 최만년 작품 〈수련〉 전시를 위한 모네실, 빛의 마술사 제임스 터렐(James Turrell)의 특별 전시실, 월터 드 마리아(Walter De Maria)와 안도 타다오(安藤忠雄)의 합작품 〈원구〉가 있는 공간, 이렇게 4인의 작가만을 위한 영구 전시실로 이루어진 지중미술관은 안도 타다오의 걸작 건축물이기도 하다.

나오시마 항구에 도착하면 선착장 건물 그 자체가 작품이며, 최근 한국에서도 크게 호평받았던 쿠사마 야요이(草間彌生)의 호박 작품이 선착장 옆에 바로 눈에 띈다. 선착장에서 50미터 정도 걸어 들어가면 목욕탕이 있는데, 목욕탕의 외관 역시 특이한 현대예술 작품임을 알 수 있다. 목욕탕 안의 욕조에도 작품이 그려져 있어 욕조에 몸을 담그면, 작품 속에 앉아서 벽면의 작품과 남탕과 여탕 사이의 칸막이 위에 커다란 코끼리 작품을 감상할 수도 있다.

나오시마에 설치된 작품 중에는 세계적으로 명성이 높은 작가들의 작품이 많다. 그중의 많은 작품은 작가들이 직접 이 섬을 방문해 작품 제작했다. 작가가 자연과 미술관 어느 곳이든 자기의 작품과 가장 잘 맞는 곳을 선택해 직접 작품을 설치했다는 점이 특색이다.

후쿠타케 회장과 호흡을 맞추며 나오시마를 예술 섬으로 만들어간 안도 타다오 씨 역시 놀라운 인간 승리자다. 고졸 학력의 권투 선수 출신인데, 건축 거장의 한 작품집을 운명처럼 만나면서 건축가로서의 재능을 발하기 시작해, 건축 분야의 노벨상이라고 일컫는 프리츠커상을 수상하는 등 일본이 가장 자랑스러워하는 건축 분야의 거장이다. 고졸임에도 불구하고 예일대학, 컬럼비아대학, 하버드대학, 도쿄대학의 객원교수를 각각 역임했다.

후쿠타케 회장께서 내게 나오시마의 홍보에 힘써 달라고 명할 당시에만 해도 한국에 잘 알려지지 않았던 예술 섬 나오시마를 알리기 위해 고심하던 나는 몇 가지 전략을 전개했다.

첫 번째는 국립현대미술관에서 개최한 현대미술관회 30주년 기념 현대미술 아카데미전의 기념 브로슈어에 광고를 냈다. 아무 설명도 없이 단지 '지중미술관'이라는 이름 하나로 광고 문구를 올렸다. 그리고 마침 현대미술관회 작가 클래스 수업을 받던 집사람에게 누가 물어보면, "아직 나오시마에 안 가보셨어요? 삼성의 홍라희 여사도 세 번이나 다녀오셨다던데요"라고만 대답하라고 했다. 모르면 호기심에서 조사해볼 것이고, 알게 된 뒤에는 입소문을 낼 것이라고 기대했다.

두 번째는 국내 4대 여행사의 일본 팀장들을 3박 4일간 나오시마에 초청해 미술관을 함께 둘러보고, 주변 관광지와 숙박 시설, 음식 명소들을 체험하게 한 후에 회사별로 나오시마 관광 프로그램을 만들어보게 했다. 여행사 프로들답게 각사 나름대로 특색 있는 나오시마 여행 프로그램을 만들어 모객에 들어갔고, 지금은 수많은 한국 사람들이 다녀오거나 찾는 명소가 되었다.

세 번째는 후쿠타케 회장을 한국에 초청했다. 약 40여 명의 한국 내 화랑 대표들과 간담회를 했고, 서울디자인페어에 초청 강사로도 모셨으며, 삼성의 리움미술과 개관을 기념하는 세계적 미술관장 회의에서 나오시마 미술관의 특이한 설계에 관해 설명하는 기회도 마련했다.

네 번째는 서울 여성 실업인들, 화랑 대표들, 〈조선일보〉 사장 등 25명으로 특별 투어를 기획해 VIP들의 구전 홍보를 노렸는데, 그들이 귀국한 후 〈조선일보〉에 반 페이지 정도로 커다란 기사가 실려 널리 홍보가 되었다.

지금은 예술 섬 나오시마가 한국에도 널리 알려져 많은 사람이 방문하는 곳이 되었다. 한국에도 외국인들이 일부러 찾아오는 이런 수준 높은 예술의 명소를 몇 군데 가꾸어 해외에 자랑하며 자부심을 느끼게 되기를 간절히 바란다.

10

71세 할배들의
유튜버 도전

　사무엘 울만은 〈청춘〉이라는 시에서 "때로는 스무 살 청년보다도 일
흔 노인이 더 젊을 수 있다. 나이 먹는 것만으로 사람은 늙지 않는다.
꿈과 희망을 잃어버릴 때 비로소 늙는다"라고 했다.
　석양도 빛과 열이 있다고 하는데 도전에 나이가 무슨 장애가 되는
가? 71세 할배 3명이 의기투합해 유튜브 방송에 도전하기로 결정하자
가슴속에서 의욕의 불꽃이 타오르기 시작했고, 성공적으로 론칭했다.

　코로나 사태가 터지자 시니어들은 가능한 한 외출을 자제하라고 했
다. 모임도 대부분 취소되었다. 자녀들은 편하게 집에서 쉬라고 하지만,
그렇게 계속 지내다 보니 병이 날 지경이었다.
　친구 3명이 만나 이야기를 나누다 보니, 모두 무료함이 이렇게 힘든
줄 몰랐다며 뭔가 돌파구를 찾자는 데로 의견이 모였다. 머리를 맞대고
상의하다가 요즈음 유행인 유튜브 방송에 도전해보기로 했다.

　　　　　　　　　　　　　　　　　　　당신을 만나면 힘이 나요

구독자를 수백만 명, 수십만 명씩 확보한 파워 유튜버들이 많다. 그런 유튜버들은 수입도 대단하다. 그래서 수많은 사람이 유튜버에 도전하고, 심지어 초등학교 학생들에게 인기 있는 장래 희망 직업 중의 하나가 유튜버라고 한다. 그런데 우리라고 못 할 것은 없을 것 같았다.

"혹시 우리가 만드는 유튜브 채널이 의외로 반응이 좋아 구독자가 늘고, 수입이 생기면 뭘 하지?"
"그러면 사회에 기부도 할 수 있는 거지."

그렇게 야무진 꿈을 꾸며 김칫국부터 마셔 보기도 했다.

"타깃 시청자층을 우리와 같은 시니어들로 할까?"
"어디서 촬영하지?"
"휴대폰으로 하는 촬영도 가능할까? 누가 촬영하지?"
"자막 처리, 참고 화면 삽입, 편집 등은 어떻게 하지?"
"2년 정도 활동하려면 소요 자금은 얼마나 들까?"
"채널 이름을 무엇으로 하지?"

생초보 할배들의 유튜브 방송 도전은 그렇게 시작되었고, 채널을 오픈하기까지의 약 5개월의 준비 기간은 정말 신나고 즐거웠다. 도전은 결과도 중요하지만, 그 과정을 즐기는 것이 더 중요하다.

소요 자금은 셋이서 초기 투자금 형태로 균등 부담하고, 투자금 상한선을 정해 추가 투자는 없는 것으로 해서 쓸데없는 미련을 차단했다.

"셋이서 방송을 진행하면서 서로의 호칭을 어떻게 하면 좋을까?"

나이 든 친구 간에 이름을 부르기도 어색하고, 모두 은퇴한 마당에 옛 직책을 부르기도 그렇고, 그렇다면 호를 지어 부를까 하다가 그것은 너무 노티가 난다고 고민하던 중, TV 방송의 〈생활의 달인〉 프로그램에서 힌트를 얻었다. 우리처럼 70년 이상을 각 분야에서 나름대로 잘 살아왔으면 각자 자기 분야에서는 달인이고, 고수·도사·프로임이 틀림없다는 데 의견의 일치를 보았다. 호칭을 고수·도사·달인 중에서 선택하기로 하고, 종이에 각각 고수·도사·달인이라고 적고 접어서 책상 위에 뿌린 다음 집어 들어 각자의 호칭을 정했다. 나는 달인의 호칭을 얻었다.

채널 이름도 고수·도사·달인의 머리글자를 따서 '고도달'로 정했다.

유튜브 고도달TV

"그 나이에 무슨 도전이냐?", "그거 쉽지 않은데… 가능하겠냐?", "시니어답게 그냥 조용히 살아라" 등 다양한 의견을 내며 말리는 지인들도 많았다. 그런데 고도달TV 첫 방송 세상 이야기 1화 '이것을 알면 지갑 없이 다닐 수 있다'가 정말로 방영되고, 그 사실을 알리자 주위 친구들과 지인들이 70대의 나이를 아랑곳하지 않고, 유튜브 방송에 도전한 용기에 많은 박수와 격려의 메시지를 보내왔다.

매주 1~2회 만나서 여러 주제로 회의하는 과정에서 공부도 많이 하고, 우리의 삶을 되돌아보는 좋은 계기도 되었다. 또 서로 시간을 조정하기 어려울 때는 줌(ZOOM) 회의를 하기도 했다. 우리 나이에 줌으로 회의를 시도하는 것 또한 큰 도전이었다. 저녁 식사 후 8시경 각자 집에서 컴퓨터를 켜고 줌으로 준비한 자료 화면을 공유하면서, 편한 자세로 대화를 나누며 수정할 내용은 바로 고쳐서 입력하는 등, 참으로 재미있고 유익했다.

유튜브 방송을 시작하면서 관리자 사이트로 들어가면, 각 편당 몇 명이 시청했는지, 평균 시청 시간은 얼마였는지 등을 자세히 볼 수 있었다. 댓글에 답글도 달고, 격려 전화에 고맙다고 인사도 하는, 즐거운 도전이 이어졌다.

테마별 콘텐츠를 토의할 때는 각자의 의견과 시각이 달라 충돌이 생길 수도 있었지만, 우리 세 사람은 유튜브 방송 도전을 통해 서로를 더욱 깊이 이해할 수 있었고, 우성도 돈독해졌다.

야외 촬영도 시도해보았고, 지인들을 출연시키기도 해보았다. 그러다가 시니어 유튜버 경진대회에 참여해서 대상을 수상하기도 하고, 〈매일경제신문〉에 기사도 실리고, 〈에비뉴엘〉 패션 잡지 화보 촬영 경험도 했다. 생각하지도 못했던 추억들을 잔뜩 쌓아갈 수 있었다.

친구들 모임에 가면 현재 구독자는 몇 명이냐, 광고도 뜨던데 수입은 얼마나 들어오느냐, 편당 제작 비용은 얼마나 드느냐 등등 온통 화제가 우리의 유튜브 방송에 집중되었다.

그렇게 2년간 지속된 우리의 도전은 코로나 사태가 끝나 가면서 잠시 휴식기를 갖기로 하고, 시즌 2를 시작하기 위해 다시 새로운 구상을 하는 중이다.

　도전은 나이와 상관없이 계속할 수 있다. 결과보다도 그 과정, 즉 프로세스를 즐기면 된다. 도전 그 자체가 즐거운 일이고, 삶의 의욕과 보람, 그리고 삶에 활력을 가져다준다. 도전을 멈추면 그때는 삶도 멈출 것이다.

11

1,000만 보 걷기 도전

새해 첫날의 결심이 작심삼일로 끝나는 경우가 흔하다. 이런저런 핑계를 내세우며 행동으로 옮기지 못했다가 나중에 가서 '그때 해야 했는데…' 하고 후회하는 경우가 많다. 바보들은 항상 결심만 한다고 한다. 60대 후반에 친구들 앞에서 "지금부터 3년간 1,000만 보를 걸을 거야"라고 호기롭게 선언을 했다.

자기 계발하자, 담배를 끊자, 술을 줄이자, 체중 감량을 하자, 운동하자, 새로운 취미를 개발하자 등등 새해가 되면 작년과 마찬가지로 결심을 반복하는 사람들이 많다. '매를 맞아야 정신을 차린다'거나, '소 잃고 외양간 고친다'라는 말대로 그런 사람들은 건강상에 큰 이상이 생기거나, 직장에서나 사회적으로 큰 곤란에 빠져 보아야 그렇게 못 고치던 버릇을 즉시 고치기도 한다.

지인들이 나에게 일본어를 잘하는 비결을 물어올 때가 많았다. 그들의 이야기를 들어 보면 대부분은 일본어를 공부하자고 결심을 하고는 두세 달 하다가 그만두고, 그러다가 어느 날 다시 시작했다가 또 중도에 그만두는 경우가 많았다.

통영 가오치항에서 배를 타고 가면 사량도라는 작은 섬에 갈 수가 있다. 그 섬에는 높이 약 400m 정도의 그다지 높지는 않지만, 가파른 데다 능선 길이 좁고 험난해 자주 인명 사고가 난다는 등산 코스가 있다. 그 정상에 오르니 남해의 아름다운 풍경이 눈앞에 펼쳐졌다. 시원한 바닷바람을 맞으며 '해냈다'라는 뿌듯한 마음에 또 하나의 목표를 설정해서 도전하고 싶은 마음이 생겼다. 그 마음으로 호기롭게 선언했다.

"이번에 서울에 가면 바로 매일 1만 보씩 걸어서 3년 동안 1,000만 보를 걸을 거야."

같이 갔던 친구들은 내가 그저 한번 해본 소리로 흘려듣는 것 같았다.

대학 입시를 목표로 고교 3년간 꾸준히 공부한 이래 3년이라는 세월을 걸고 목표를 세우는 것이 쉽지는 않겠지만, 그런 도전이 노년기에 접어든 나의 삶에 활기를 줄 것 같았다.

서울에 오자마자 집사람에게도 같은 선언을 했다. 다음 날부터 휴대폰에 만보기 어플을 깔고 걷기 시작했다. 1만 보를 걸으려면 대략 110분 정도 걸어야 한다. 매일 1만 보씩 걷는다면 이론적으로 33개월 10일 만에 1,000만 보를 걸을 수 있지만, 36개월에 걸쳐서 누적 1,000만 보 걷기를 달성해보기로 한 것이다.

비가 많이 오는 날, 추운 날, 몹시 더운 날, 몸이 아픈 날, 자동차로 이동하는 날 등등은 하루에 1만 보를 채우는 데 걸림돌이 되었다. 심지어 휴대폰을 집에 놓고 나오는 날도 있어서, 걷기는 걸었는데 어플에 누적 기록이 되지 않는 경우도 있었다.

그렇게 3년이 지났을 때 목표로 한 1,000만 보 걷기 도전에 성공하니 가슴이 뿌듯했다. 도전에 성공하고 나서 어플을 분석해보니 총 6,500km를 걸었다. 서울에서 부산까지 거의 8번 왕복을 한 놀라운 결과였다. 티끌 모아 태산이라더니 꾸준한 노력이 이룬, 스스로도 놀랄 정도의 대단한 결과였다.

1일 1만 보 걷기를 시작하면서 자연히 생활패턴이 바뀌었다. 자동차로 이동하는 것을 거의 줄이고 가능하면 버스나 지하철로 이동했고, 지하철역 한두 정거장 전에 내려서 걷기도 했다. 저녁 식사 후 30분 이상 집사람과 함께 산책하는 습관도 생겼다. 그랬더니 소화도 잘되고, 무엇보다 숙면을 할 수 있어서 좋았다.

결심을 실천에 옮기는 방법은 다음과 같다.

첫째로, 목표를 구체적으로 설정해야 한다.

3년 동안에 1,000만 보를 걷겠다고 목표를 설정하면 하루 10,000보를 걸어야 하고, 월 누적 30만 보를 걸어야 한다. 그렇게 설정하니 매일, 매월 중간 점검을 하게 되었다. 몸이 아프거나, 일기 불순 등 기타 사유로 못 걷는 날이 있으면 어떤 식으로 채워야 할지 생각해야 한다.

둘째로, 설정한 목표를 가능한 한 여러 사람에게 알려야 한다.

혼자서만 알고 있으면 안 해도 그만이지만, 여러 사람에게 이야기해 놓으면 스스로 동기부여가 된다. 1,000만 보 걷기 목표도 중간중간에 누적 걷기 현황을 주위에 이야기하며, 중도에 포기하고 싶은 마음에 지속적인 동기를 부여하게 되었다.

셋째로, 설정한 목표를 달성하기 위해 주위의 도움을 받아야 한다.

1,000만 보 걷기를 실천하기 시작하면서 아내에게 저녁 식후에 같이 산책하자고 제안했다. 일주일에 4~5일쯤 하루 30분에서 1시간 정도 같이 산책하다 보니 저녁 식후에만 3,000보에서 6,000보를 걸을 수 있었다. 그리고 부부의 육체적 건강은 물론이고, 많은 대화를 하면서 정신적 건강도 챙길 수 있었다.

넷째로, 투자해야 한다.

나카타니 아키히로가(中谷彰宏)가 쓴 《돈은 쓰면 쓸수록 늘어난다》라는 제목의 책을 읽어 보았다. 그 책의 주된 내용은 자기의 발전과 목표를 달성하기 위해 돈을 쓰라는 것이었다.

일본 주재원 시절, 일본어를 현지인처럼 구사하고 싶어 1년간 동료 일본인에게 30분 먼저 출근해서 나의 일본어 학습을 지원하면 점심 식사비를 내주었다. 그 후 같이 근무하던 재일교포 김일남 과장에게 한 달에 한 번씩 좋은 술집에 가서 술을 마시는데, 우리에게 서비스하는 아가씨 입에서 나에게 "외국인이세요? 일본어가 이상해요"라는 말이 나오면 그날 술값은 내가 내겠다고 제안했다. 비싼 술값을 많이 내지 않기 위해서라도 생활용어들을 열심히 공부했다. 그렇게 투자해 그 후 "재일교포냐?"라는 질문을 받기에 이르렀다.

당신을 만나면 힘이 나요

목표를 설정하고 하겠다고 결심하면 반드시 달성해야 한다. 바보들은 항상 결심만 한다는데, 그 바보가 당신이 되지 않도록 노력하자.

12

—

하야노 상의
새로운 라이프 플랜

환경의 변화에 맞춰 라이프 플랜을 새로 짜고, 그 목표를 위해 도전
을 한다는 것은 희망을 품고 살아간다는 증거다. 도전하면 삶의 불꽃이
타오른다.

"모처럼 알선이나 파견을 성사시켜도 당사자가 새로운 회사에 적응
을 못 해 3개월 이내에 그만두는 경우가 많아요. 그러면 인재 알선료를
못 받게 되어 속상합니다. 어떻게 하면 좋을지 도와주세요"

일본의 인재 알선 및 파견 기업에 근무하던 하야노 상이 하루는 나에
게 부탁을 해왔다. 인재 알선이나 파견을 성사시켜도 당사자가 적응을
못 해 3개월 이내에 직장을 그만두는 경우에는 알선 회사가 수수료를
받지 못할 뿐 아니라, 고객의 신뢰도 잃게 되는 큰 악재다.

당신을 만나면 힘이 나요

"회사를 옮기면 바뀐 환경에 적응하기 어려워서 문제가 생길 수 있어요. 인재를 알선한 후 3개월 동안은 매달 한 번씩 그 당사자와 따로 면담하는 시간을 만들어 애로 사항을 듣고, 그에 맞는 상담을 해주면 정착률이 높아질 것입니다. 대부분 직장을 옮긴 사람들은 바뀐 환경에 적응하기 어렵거나 인간관계에 문제가 있을 수 있어요."

하야노 상은 내가 해주는 말을 경청한 뒤에 이렇게 말했다.

"좋은 말씀이신데… 우리 같은 인재 알선 회사의 직원들은 상담 스킬이 부족해서 그렇게 하고 싶어도 하기가 어려운 실정입니다."

"그러시군요. 그렇다면 하야노 상이 산업 심리상담 공부를 해서 자격증을 취득하고 실력을 발휘하면 좋은 기회가 오겠네요. 제가 직장인 상담을 하다 보면 일본의 기업들은 일본인 자격자를 선호하는데, 한국에는 일본 상담사 자격을 취득해 활동하는 일본 사람이 없어요. 하야노 상이 일본의 산업 카운슬러 자격을 취득하면, 한국에 진출한 일본 기업을 대상으로 많은 일을 할 수 있을 것 같아요. 기회라고 생각하고, 한번 도전해보시지요."

"말씀을 듣고 보니… 충분히 이해됩니다. 저도 심리상담 분야에 관심이 많아요. 어떻게 상담 분야를 공부하면 좋겠습니까?"

"심리상담 분야는 광범위합니다. 우선 직장인들을 대상으로 한다면 일본 산업카운슬링협회에서 실시하는 통신 교육 과정이 있던데, 그 과정을 이수해 산업 카운슬러 자격증을 취득하는 게 바람직할 것 같습니다. 그 자격증을 취득한 다음에 일본의 커리어 카운슬러 국가 자격증까지 취득하면 금상첨화이겠지요. 그렇게 하시면 활동 기회가 훨씬 더 많아질 거예요."

"정말 좋은 말씀입니다. 앞으로 임신해서 출산도 해야 하는데… 계속 회사에 얽매이는 직장인 생활보다는 조금 더 유연하게 저의 시간을 매니지 할 수 있는 분야로 저의 커리어를 재설계해야 할 필요도 있기는 해요. 말씀하신 대로 산업 카운슬러 자격에 도전해보겠습니다. 저의 새로운 라이프 플랜이 성공적으로 이루어질 수 있도록 앞으로도 많은 지도를 부탁드립니다."

그 후 하야노 상은 일본의 산업 카운슬러 2급 자격증을 취득하기 위해 1년짜리 통신 학습 코스에 지원했다. 온라인 수업을 받고 과제들을 공부하면서 매달 한 번씩 리포트를 작성해 일본에 가서 발표도 하고 테스트도 받아야 했다. 작성한 리포트는 일본에 가기 전에 나에게 가져와서 보여주었고, 나의 의견에 따라 수정도 해서 갔다. 1년간의 과정을 마친 후에는 마지막으로 일본에 가서 필기시험과 실기시험에 모두 합격해야 자격증을 받을 수 있는, 쉽지 않은 코스였다.

그렇게 1년이 지난 어느 날, 하야노 상으로부터 차 한잔 같이하자는 연락이 와서 만났다.

"선생님의 지도 덕분에 일본 산업 카운슬러 2급 자격 시험에 합격했습니다. 가장 먼저 선생님께 알려 드리고 싶었습니다."

하야노 상은 가방에서 자격증을 꺼내 보여주며 그렇게 말했다.

"오, 축하합니다! 2급 자격증 취득 후 5년간 실무 경험을 쌓으면, 다

당신을 만나면 힘이 나요

시 1급에 도전할 수 있는 기회가 주어진다고 하니, 계속 노력해봅시다. 1급 자격만 취득하면 앞으로 한국에 진출한 많은 일본 기업과 계약도 할 수 있고, 아주 폭넓게 활동할 수 있을 것입니다."

얼마 후 하야노 상이 새로운 소식을 가지고 나를 다시 찾아왔다.

"회사에 사표를 내고, 개인 사업자 등록도 마쳤습니다. 그리고 요즈음은 직장인들 상담 외에도 국제결혼을 한 일본인들 상담 등을 시작했습니다. 벌써 한국인과 결혼을 앞두거나 염두에 두고 있는 일본인들로부터 상담 신청이 들어오기 시작했습니다. 선생님 덕분에 새로운 길이 열리는 것 같습니다. 거듭 감사드립니다."

그렇게 말하는 하야노 상에게는 희망에 들떠 있는 모습이 역력했다.

"아주 잘하셨습니다. 앞으로 한국 생활의 경험으로 한·일 커플의 고민 상담, 육아를 병행하시면서 얻는 경험으로 일본 학부모의 육아 및 교육 상담, 한국에 취업한 일본인들 대상의 상담 등 다양한 상담의 길이 열릴 것입니다."
"정말 그럴 것 같아요. 벌써 한국인과 결혼하기를 희망하거나 한국에 취업한 일본인들의 상담 신청이 들어오고 있어요. 실전 경험을 쌓아가며 폭넓게 공부해 5년 후에는 반드시 1급에 합격하고, 커리어 카운슬러 일본 국가 자격에도 도전하겠습니다. 선생님 덕분에 새로운 인생을 살게 되었습니다."

하루는 하야노 상이 한국인 남편과 함께 나를 찾아왔다. 공기업의 팀장으로 근무하는 남편은 인물도 좋고, 믿음직스러운 인상을 지니고 있었다. 하야노 상의 남편은 나에게 자신의 직장 커리어와 라이프 플랜, 그리고 향후 도전 과제에 대해 진지하게 상담하고 돌아갔다. 그리고 3년 후 하야노 상의 남편은 내가 강조했던 집필에 도전해 책을 펴냈고, 직장도 옮겼다. 최근에 발행한 《MZ를 알면 잘파가 보인다》라는 저서는 변화된 직장문화 속에서 발생하는 다양한 갈등을 다루고 있어서 나에게도 큰 참고가 되는 책이었다.

얼마 전에 하야노 상은 한국에 주재하는 일본인 간부들을 상대로 직장 멘탈 헬스와 상담에 관한 특강을 하게 되었다며, 강의 자료를 가지고 와서 자문받고 갔다. 많은 일본 기업들을 자문한 나의 경험과 사례들을 강의 중에 소개하겠다고도 했다.

하야노 상 부부의 과감한 도전과 변화에 박수를 보낸다.

여행 계획과 회사의 업무계획을 짜듯이 그보다 더 중요한 자신의 라이프 플랜(Life Plan)을 잘 세워야 하고, 환경이 변하면 수정계획도 짜야 한다. 자기 틀에서 혼자만 계획을 짜기보다는 필자와 같은 커리어 컨설턴트에게 상담을 받는 것도 좋은 방법이다.

13

4050세대의
도전 선택지

40대 중반에서 50대에 접어든 연령대의 직장인 중 상당수는 인생에 있어서 큰 도전에 직면하게 된다. 현재의 회사에서 계속 버틸지, 아니면 이직이나 전직해야 할지, 창업해야 할지 선택의 기로에서 고민하게 된다.

얼마 전 외국계 기업에서 정년퇴직을 하게 된 중역의 후임으로 새로운 인재를 채용하기 위한 면접관으로 참석한 일이 있다. 1명을 채용하는데, 인력 스카우트 회사들을 통해 접수된 이력서가 26통이었다. 서류 심사 후 최종 면접 심사에 오른 6명은 모두 능력이 있는 사람들로 보여, 그중 누구를 채용해도 좋을 것 같았다. 새로운 도전을 하고 싶은 사람, 직장에서 사표를 내고 나와 창업했다가 실패한 사람, 사내 경쟁에서 밀린 사람, 회사 경영 부실로 실직한 사람 등등 사연들도 가지가지였다.

치열한 경쟁을 뚫고 대학에 입학하고, 군 복무를 마치고 회사에 입사하면 26~27세가 된다. 그로부터 20여 년 근무하면 40대 후반인데, 인생 100세 시대의 기준으로는 아직 인생의 절반도 살지 않았으며, 자녀들은 중·고등학생이거나 갓 대학에 입학했을 정도의, 그들이 처한 환경을 읽을 수 있었다.

40대 중반이 되면, 다섯 가지 정도의 도전 선택지를 놓고, 나머지 인생의 방향을 숙고하고 준비해야 한다. 라이프 플랜을 다시 짜거나 새로운 도전을 선택해야 한다. 그들을 돕는 커리어 컨설턴트가 일본에서는 국가 자격으로 관리된다. 나도 퇴직과 창업의 경험이 있고, 많은 직장인을 상담하면서 그 경험 철학을 담아 《4050 지금이다》라는 책을 쓰기도 했다. 그들이 커리어를 바꾸는 것은 쉽지 않은 도전이기 때문에 때로는 전문가의 조언을 받아가며 다음의 다섯 가지 선택지 중에서 선택해야 한다.

첫째, 지금의 회사에서 정년까지 버티고, 그다음은 다시 생각한다.

일반 직장인들이 다니는 직장에서 정년까지 다닐 수 있으면 그 또한 좋은 방법이다. 그러나 정년까지 버틴다는 것은 보통 힘든 일이 아니다. 일반 기업에서는 상당한 능력이나 업적을 세우지 않고는 정년까지 버티는 게 거의 불가능한 일인데, 정년까지 버틴다고 해서 모든 것이 해결되는 것도 아니다. 정년을 채우는 것이 자신의 인생에 어떤 의미가 있는지도 생각해보아야 한다.

둘째, 환경 변화에 맞춰 아예 업무 분야를 바꾼다.

세상이 급격히 변하고 있다. 현재 자기가 일하고 있는 분야도 급격히 바뀐다. TV만 하더라도 배불뚝이 브라운관에서 LCD, LED, QLED로 바뀌었다. 앞으로 TV가 아예 없어지지나 않을지 모르는 것이 기술의 발전이다.

AI의 발전으로 직업구조의 혁명적인 변화가 예고되며 로봇, 생명공학, 유통혁명, 저출산 고령화 등이 쓰나미처럼 변화를 가속시킬 것이므로 현재의 업무 분야에도 필연적으로 큰 지각 변동이 일어날 것이다. 새로운 분야로 업무를 바꾸어 새롭게 열정을 불태워 보려는 과감한 선택지도 심각하게 고려해야 한다.

셋째, 타사로 이직한다.

기업은 끊임없이 흥망성쇠를 거듭한다. 심지어는 한 기업 내에서도 부문 간의 흥망성쇠가 서로 다른 사이클로 돌아간다. 프로 축구선수들은 현재 구단에서 타 구단으로 이적한다. 현재 구단에서 밀려나는 경우도 있지만, 더 큰 가능성을 찾아 이적하는 것이다. 일반 직장인들도 프로 선수만큼은 아니더라도 명예퇴직(구조 조정)의 위험이 있을 수 있고, 그렇지 않더라도 더 큰 발전의 가능성이 있는 기업으로 이직하는 새로운 도전을 고려해볼 필요가 있다.

넷째, 창업한다.

직장인들이 품는 꿈 중의 하나가 창업이다. 멋있게 성공하는 사람들은 당연히 부러움의 대상이다. 자기가 진정으로 원하는 일과 분야가 있어서 창업하는 경우도 있고, 사정상 퇴직하게 되어 서둘러 창업하는 경우도 있다.

창업은 진검승부다. 창업하려면 철저한 사전 준비가 필요하다.

직장생활을 하면서 이룬 실적과 업적은 목검승부의 결과일 뿐이다. 1인 회사라도 창업을 하는 것은 진검승부에 해당한다. 약간의 실수에도 시퍼런 칼날에 베여서 피를 흘리게 된다. 실수해서 사과하고 사표만 내면 되는 경우와 실수하면 곧바로 파산하게 되는 경우는 완전히 다르다는 이야기다.

창업에는 기업가적 기질, 환경 분석, 정보 수집, 관련 분야의 지식과 경험 등 많은 요소가 갖춰져야 하고, 때로는 운도 따라야 한다.

다섯째, 브릿지(Bridge)를 걸고 3~5년간 준비를 철저히 한다.

창업하거나 전직·이직을 결심할 때는 새로운 분야에 대한 경험을 쌓고 지식도 쌓아야 한다. 그런 의미에서 바로 창업을 하거나 바로 전직을 하기보다는 목표하는 분야로 가기 위해 그 분야와 유사한 부문이나 기업에서 경험을 쌓는 것이 좋은 방법이다. 그렇게 최종 목표를 위해 중간 단계를 거치는 것을 브릿지(Bridge)를 건다고 나는 이야기한다.

대형 여행사에 근무하다가 퇴직해 여행사 창업을 하겠다고 나에게 상담을 왔던 직장인에게 우선 작은 여행사로 이직을 해 2년 정도 작은 여행사의 생리를 익히라고 조언했다. 그 사람은 내가 일러준 대로 그런 프로세스를 잘 거친 후에 창업해 지금 사업을 잘해 나가고 있다.

다니는 회사가 적성이 맞지 않는다며 꽃가게를 창업하겠다는 여성 내담자에게 우선 2~3년 동안 토·일요일에 화원에 가서 아르바이트도 하고, 휴가 기간에는 화훼 농가에 가서 꽃 재배 경험도 해보는 등 그 분야의 생리를 체득하고 나서 최종 결정을 하라고 했다.

요식업에 경험이 없는 퇴직자들이 쉽게 프랜차이즈에 뛰어들면 대부분 쓰라린 맛을 보게 된다. 원하는 분야를 정하고 그 분야의 맛집들을 돌아다니며 맛도 보고 입지와 상권도 살펴보아야 한다.

　본인의 경력, 적성, 가정적 환경, 사회적 환경, 마음속에 품었던 꿈 등
을 종합적으로 고려해서 라이프 플랜을 그려 보고, 전문가에게 상담도
받아가면서 철저한 사전 준비를 해야 한다.

14

중공제 직물 수입으로
구속 위기를 겪다

"정 대리, 자네 도대체 무슨 짓을 한 거야? 지금 중앙정보부에서 연락이 오고 난리가 났어. 반공법 위반으로 구속될지도 몰라. 자네 정신이 있나 없나?"

한국이 중국과 적대 관계에 있던 시절, 내가 수입한 원단의 통관 검사 중 포장 박스에 큰 글자로 '중화인민공화국'이라고 프린트된 것이 발견되었던 것이다.

1970년대 후반기까지는 미국 쪽으로부터 와이셔츠 봉제 주문을 받으면, 일본산 원단을 수입해서 쓰거나 방림방적 등 국내 방적 회사의 원단을 애걸해 배정받던 상황이 이어졌다. 미국의 케이마트(K-MART), 시어스(SEARS) 등 큰 바이어들은 한 번에 대량의 셔츠 구매 오더를 했는데, 그때마다 원단 수급이 어려워 오더를 원활하게 소화하지 못하는 일이 자주 생겼다.

원단 구매를 담당하던 나는 시장 조사를 하다가 중국산 원단을 수입해 국내에서 염색·가공하면, 부족한 물량도 해결하고 가격도 저렴해 회사에 이익이 많이 날 것으로 판단했다.

당시는 중국 같은 적성국의 제품은 아예 수입이 불가능하던 시절이었다. 방법을 모색하던 중 홍콩 법인을 경유해 서류상의 원산지를 홍콩으로 해서 수입하면 되겠다는 생각이 들었다. 편법이었지만, 수출에도 기여하고 국가나 회사에도 이익이 된다는 판단에 따라 도전하기로 결심했다.

1차분 수입 물량은 무사히 통관되어 대전의 풍한방직에 입고되었다. 그러고 나서 얼마 후, 2차분 물량이 부산 세관 통관 대기 중에 문제가 발생했다. 보통은 서류 심사로 끝나는데, 하필이면 그때 세관 직원이 현장에서 물건을 직접 확인하다가 포장 겉면에 손바닥만한 글자로 '중화인민공화국'이라고 선명히 프린트가 되어 있는 것을 발견하고는 놀라서 뒤로 나자빠지고 말았던 것이었다.

"정 대리, 당신 큰 사고를 쳤구먼. 지금 중앙정보부에서 당신을 찾고 있어요. 즉시 부산 세관으로 내려와요. 자네 반공법 위반으로 구속될지도 몰라."

대우의 부산 공장 통관 담당인 김 이사가 전화기에 대고 큰소리로 호통을 치는 것이었다.

요즈음과 같이 중국과의 교역이 자유로운 시대의 사람들은 잘 이해가 가지 않겠지만, 중국과 국교가 없던 당시에는 꼼짝없이 중앙정보부에 끌려가서 혼쩌검이 날 지경이었다. 즉시 부장과 본부장께 보고했다.

"회사 차원에서 어떻게든 해결해볼 테니까, 3일 정도 출근하지 말고 피신해 있어요."

나는 그런 지시를 받고, 바로 부산 공장의 김 이사께 전화했다.

"본부장께 보고를 드렸는데… 회사 차원에서 해결할 테니 잠시 피신해 있으라고 하셔서… 부산에는 내려갈 수 없게 되었습니다. 김 이사님께서 해결해주셔야 할 것 같습니다. 잘 부탁합니다."
"뭐라고? 정 대리, 너 죽을 줄 알아!"

그로부터 이틀 후에 김 이사로부터 전화가 왔다.

"야, 정 대리! 구사일생이다, 구사일생! 천신만고 끝에 세관과 합의가 이루어졌어. 세관 보세 구역에서 포장을 전부 뜯어내고 재포장을 하면 통관시켜 준대. 어휴, 자네 덕분에 10년 감수했다."
"어이쿠, 감사합니다. 소요 비용은 전부 저희 부서에서 부담하겠습니다. 즉시 부산으로 내려가겠습니다."

부산 보세 구역에 도착하니 김 이사께서 인부를 사서 작업을 시키고 있었다. 김 이사님께 싹싹 빌었다. 그런데 겉 포장에만 '중화인민공화국'이라는 글자가 프린트 되어 있는 것이 아니고 원단의 각 롤마다 끝부분에 생산국명이 프린트 되어 있어서, 그 부분까지도 전부 잘라 내야만 했다.

김 이사는 어처구니없어 하는 표정과 함께 나에게 칭찬인지, 야단인지 모를 말을 했다.

"자네 정말 배짱 한번 대단하구먼!"

부산 세관에서의 일을 마치고 혹시나 해서 1차 통관분을 보관하고 있는 대전 풍한방직으로 갔다. 그 1차분 원단에도 역시 '중화인민공화국'이라고 생산국명이 선명하게 찍혀 있었다. 즉시 포장을 제거하고 원단 롤 끝부분을 잘라내는 작업에 사람들을 투입해달라고 요청했다.

회사에 이익이 되는 큰 공을 세워 보려다가 반공법 위반죄로 구속될 뻔한 사건이었다.

요즈음에는 국가와 회사에 이익이 된다면 무슨 일이든 저지르겠다는 무모한 회사원이 없을 테지만, 당시의 젊었던 나는 어떤 도전에라도 과감히 부딪쳐 보겠다고 생각하던 시절이었다.

젊음이란 그래서 좋다. 혹시 실패하더라도 얼마든지 재기할 시간이 있고 힘과 능력이 있기 때문이다. 과감히 도전해보고 저질러 볼 수 있는 것이 젊은 사람의 특권이다.

15

자기와 미래는
바꿀 수 있다

진급에 누락되었다면서 사표를 내겠다고 눈물을 흘리던 박애란(가명) 씨가 거래선의 제품 설명회에서 난생처음으로 프레젠테이션에 도전하게 되었다. 나의 지도를 성실히 따라 준 한 달간의 노력으로 많은 발표자 중에서 최우수 발표자로 선정되고, 그로부터 한 달 후에는 대기업에 스카우트 되어 이직하면서 새로운 인생을 시작했다.

나는 '타인과 과거는 바꿀 수 없지만, 자기와 미래는 바꿀 수 있다'라는 말을 강의 시에 자주 인용한다. 지나간 일에 일희일비할 시간이 있으면 자기를 돌아보고 미래를 위한 노력을 하라는 이야기다.

내가 고문으로 있던 일본계 화장품 회사에 근무하던 박애란 씨가 고민 상담을 해왔다.

"고문님께서 아시다시피 저는 일본어학과 출신으로 사장 통역 담당으로 이 회사에 취직했습니다. 그런데 몇 년간 그 일을 하다 보니, 사장과 직원들 간에 오해가 생기거나 문제가 발생하면 제가 통역을 제대로 하지 못해서 그렇게 되었다는 비난을 받는 일이 잦아요. 그리고 이번 인사 때는 전혀 경험이 없는 영업 부서로 발령받았고, 더구나 저보다 늦게 입사한 후배는 대리 진급시키고 저는 탈락시켰어요. 억울해서 더 이상 근무하기가 어렵습니다. 사표를 내고 나가야겠어요."

"들어 보니 상당히 섭섭하겠네. 사표를 내려는 그 심정은 충분히 이해가 가요. 그렇지만 덜렁 사표를 내는 것은 바람직한 해결책이 아닌 것 같아요."

"그렇지만 이런 상황에서 묵묵히 근무할 수는 없잖아요?"

"그렇다면 다른 회사에 또 통역 요원으로 지원할 생각이세요? 그리고 언제까지 통역 요원으로 근무하실 생각이세요? 이참에 영업 능력을 키워 보면 어때요? 영업 능력은 또 다른 전문성이고, 영업 능력을 인정받으면 이직하거나 창업하기도 쉬워져요."

"그러면 제가 어떻게 하는 게 좋을까요?"

"우선 감정적으로 사표부터 낼 것이 아니라… 통역 일이나 진급 누락은 잠시 잊고, 차분히 영업 분야의 업무 역량을 높여 나가면 좋을 것 같아요. 이 회사는 매 시즌 신규 제품들이 일본에서 많이 들어오는데, 박애란 씨가 일본에 가서 제품에 대한 교육을 받고 와서 그 내용을 여기의 영업 직원들에게 교육하고… 매뉴얼 한글화 작업도 하면서 기회를 찾다 보면 반드시 새로운 기회가 올 것입니다."

"알겠습니다. 일단 영업부의 업무를 익히면서 적응해보겠습니다. 조언해주셔서 감사합니다."

그 후 박애란 씨가 다급해하며 도움을 청해왔다.

"한 달 후에 4주 동안 전국 여러 도시에서 올리브영의 전국 지점장들을 대상으로 제품 교육을 하는데, 저희 회사도 거기에 참여해 30분씩 제품 프레젠테이션을 할 계획이라고 해요. 사장님이 저에게 가서 설명하라고 하시는데, 저는 그동안 프레젠테이션을 해본 경험이 전혀 없기 때문에 매우 불안해요. 시간은 점심 식사 후 첫 타임이래요. 제발 도와주세요."

"오, 그래요? 그건 박애란 씨에게 좋은 기회입니다. 한번 도전해봅시다. 프레젠테이션에는 각 사마다 전문가들이나 베테랑들을 내보낼 테니까 박애란 씨와 같은 초보자는 철저히 준비하지 않으면 망신을 당하게 됩니다. 더구나 점심시간 후 첫 타임이라면 사람들이 졸면서 분위기를 망칠 가능성이 큰 시간입니다. 아무튼 박애란 씨에게는 좋은 기회가 될 수 있으니, 제가 성공하도록 지도해드릴게요. 오랜 일본 비즈니스 경험을 통해 철저한 준비는 나의 몸에 밴 습관이 되었고, 교육사업을 할 때도 나는 여러 차례 공개 입찰 프레젠테이션에 참여해서 한 번도 실패하지 않았어요. 제가 말하는 대로 철저히 준비하시면 새로운 미래가 열릴 수도 있어요."

"고문님의 말씀을 들으니, 더 걱정됩니다. 그래도 지금의 저를 바꾸려면 이번에 맡은 일을 기회로 생각하고 잘 해내야겠지요. 고문님께서 시키는 대로 다 하겠습니다."

"그러면 우선 프레젠테이션 원고를 파워포인트로 작성해서 가져오세요. 원고를 작성할 때는 혼자서 하지 말고 영업 담당자나 마케팅 담당자들의 조언을 잘 받도록 하시고요."

며칠 후 박애란 씨가 자료 화면을 준비해왔는데, 일본 스타일로 화면마다 설명이 빼곡하게 채워져 있었다.

"주어진 30분 만에 여러 제품을 인상 깊게 설명하려면 요점만 간단히 준비해야 합니다. 그런데 너무 요점만 추려 작성하면 부실해 보이니까, 강조할 부분은 상단에 다른 색 글자로 크기를 키워서 배치합시다. 중요한 내용은 하단에 배치하지 말아요. 설명회장에 따라서는 앞사람에 가려 뒤에 앉은 사람들 시야에 화면 아랫부분이 보이지 않는 경우가 많아요."

나는 화면별로 수정할 부분을 지시하며 다시 만들어오도록 했다. 그러고는 다시 작성해온 자료를 가지고 실전처럼 프레젠테이션을 하게 하면서, 화면별로 시간을 배분하고 목소리와 말하는 속도 등도 수정하도록 코치했다. 참석자들을 바라보는 시선 처리, 참석자들과의 교감 방법, 흥미 유발 포인트, 중간에 수강자들에게 간단한 퀴즈를 내서 답을 맞히는 사람에게는 기프트 상품을 주도록 준비시켰다.

그리고 다시 한번 내 앞에서 실전처럼 프레젠테이션을 하게 한 후, 아직 부족한 점을 알려주며 그것을 보완해 집에서 거울을 보고 실전처럼 30분씩 10회 연습하도록 주문했다.

"박애란 씨의 인생이 걸린 기회이니 절대로 꾀부리지 말고 연습하세요."

그렇게 당부하고, 마지막으로 다시 한번 내 앞에서 발표해보도록 했다. 이번에는 내가 준비한 예상 질문도 던졌다. 갑작스러운 나의 질문에 박애란 씨는 당황해 어쩔 줄 몰라 했다. 그래서 예상되는 돌발 질문을 정리해서 질문별로 대응법도 상의했다.

그 후에 내 앞에서 마지막 리허설을 한 번 더 실전과 같이 한 박애란 씨는 약 한 달간에 걸쳐 각 도시에서 열리는 설명회에 참석해 프레젠테이션을 했다. 발표 기간 중간중간 올리브영 지점장들이 보인 반응을 전화로 알려주며 그에 대한 자문을 구하는 등, 정말로 열심히 임하는 모습이 역력했다.

한 달 정도 지났을 때, 박애란 씨가 올리브영에서 최우수 발표자로 선정되어 표창장을 받았다며 상장을 들고 왔다. 그로부터 불과 1개월밖에 지나지 않았을 때, 어느 대기업에서 스카우트 제의가 와서 직책도 오르고, 연봉도 오르는 아주 만족스러운 조건으로 이직하게 되었다. 필사적으로 준비해서 도전한 첫 프레젠테이션이 자신의 인생을 바꾸었다며, 내게 몇 번이나 고맙다는 인사를 거듭했다.

박애란 씨가 프레젠테이션에 도전한 것이나, 인생에 도전하는 것이나 매한가지다. 철저한 준비와 열의가 성공을 가져온다.

나는 '타인과 과거는 바꿀 수 없지만, 자기와 미래는 바꿀 수 있다'라는 말을 자주 이야기한다. 미래를 바꾸려는 노력으로 이루어가는 작은 성공이 쌓이면서 큰 성공으로 이어지고, 그에 따라 미래는 바뀌게 된다.

16

계획 없는 인생은
자신에 대한 배신이다

자기 인생의 플랜은 짜지 않으면서 회사의 사업 플랜이나 여행 플랜은 열심히 짜는 직장인들을 많이 만났다. 계획 없는 직장생활이 회사에 대한 배신인 것처럼, 계획 없는 인생은 자신에 대한 배신이다.

직장생활은 긴 인생의 일부분인데 마치 그것이 인생의 전부인 것처럼 사는 사람들이 의외로 많다. 지금 상사와의 관계나 지금의 회사생활도 그다지 길지 않은데, 그게 전부인 것처럼 직장생활에 올인하며 다른 준비는 하지 않다가 후회하는 사람들이 많다. 그러다가 장래에 대한 걱정과 불안, 그리고 새로운 선택을 위해 고민하면서 상담을 청해 오는 경우가 늘어나고 있다.

- "회사가 불안합니다. 다른 회사로 전직을 서둘러야겠습니다."
- "실직했습니다. 빨리 재취업을 해야 합니다."

- "성장 가능성 있는 회사로 전직하고 싶어요."
- "심한 업무 스트레스를 받고 있어요. 이 직장에서 벗어나고 싶어요."
- "내년에 정년퇴직을 하게 됩니다. 마음이 급합니다. 어떻게 준비할까요?"
- "전부터 해보고 싶었던 분야가 있어서 창업하려고 합니다."
- "수입은 적더라도 보람 있는 일을 하고 싶어요."

한 직장에서 오래 근무하는 사람은 공무원이나 교사 등 몇몇 분야 이외에는 없다. 지금의 직장에서 남은 기간이 짧거나 이미 직장을 그만둔 경우도 많은데, 100세 인생에서 60세 정년까지 근무한다고 하더라도 40년을 더 살아야 하는 것이 인생이다. 따라서 정년퇴직 후의 40년 삶에 충실하기 위해서는 지금 직장생활 중이라고 하더라도 무엇인가에 도전하는 노력을 해야 한다.

나 역시 직장이 인생의 전부인 것으로 착각하며, 회사 업무에 올인하다가 15년의 근무 경력을 뒤로하고 41세에 회사에서 나왔다. 지금 돌이켜 생각해보면 그 당시에 조금 빨리 진급했던 것, 남들보다 호봉이나 승급이 빨랐던 것, 마음에 맞지 않았던 부서에 배치되었던 것들이 그다지 중요하지 않았고, 나머지 긴 인생에 결정적인 영향을 준 것도 아니었다.

상담하다 보면 상사에 대한 불만, 회사에 대한 불만, 연봉 조정에 대한 불만, 진급 및 인사에 대한 불만 등 여러 가지 사유로 사표를 내겠다는 사람들이 많다. 최근 한 리서치에 의하면 직장인들 가운데 열에 아홉은 창업을 고려한 적이 있는 것으로 조사되었다. 또 현 직장에 대한 만족도를 조사한 결과, 지금 다니고 있는 직장에 평생 다니겠다는 사람은

10명 가운데 1명도 채 안 되었다. 언제 구조 조정당할지도 모르는 불안한 시대를 살아가는 그들로서는 예전처럼 직장에 평생토록 몸 바쳐 일하겠다거나 연봉에 목숨 거는 샐러리맨으로 살아가기를 거부한다.

사표를 내는 것은 언제나 가능하므로 사표를 내기 전에 긴 인생의 라이프 플랜을 설정하고, 그 라이프 플랜에 의거해 향후 5년 또는 10년의 자기 커리어를 설계하고 나서, 사표를 내더라도 내야 한다. 당장 사표부터 내는 것이 현명한 일인지는 신중히 생각해보아야 한다.

직장인들이 항상 불안해하는 것 중 하나가 '이 회사에서 언제까지 직장생활을 할 수 있을까?' 하는 것이다. 자의로 그만두는 경우도 있지만, 대부분은 타의에 의해 직장을 그만두게 된다. 잘 버텨도 60세면 그만두어야 하는데, 75세까지는 여전히 건강하고, 90세 이상은 살아야 한다. 60세부터 90세까지 스마트폰이나 TV만 보거나 산에만 다닐 수는 없다.

남아 있는 직장생활은 짧고, 지금부터의 인생은 더 길게 남아 있다. 남은 인생을 위한 라이프 플랜을 재점검하고, 준비하고 도전해야 한다. 계획 없는 인생은 자신에 대한 배신이다.

제 **3** 장

삶은 진검승부다

프로는 성적에 따라 수입이 결정되는 진검승부의 세계이고,

아마추어는 승패를 즐기기만 하면 되는 목검승부의 세계다.

프로는 베이면 큰 상처를 입고 생사가 갈리는 위험에 처하지

만, 아마추어는 맞으면 그저 잠시 아플 뿐이다. 승리에 대한

간절한 자세가 기본적으로 다르다. 진검승부의 자세로 삶에

임하면 반드시 성공할 수 있다.

1
–

진검승부의 자세로
임하는 삶

타고난 재능이 없어도, 부유한 환경에서 태어나지 않았어도, 피나는 노력으로 성공한 사람들의 사례들을 우리는 얼마든지 알고 있다. 그들과 같이 나 역시 꿈을 이루기 위해 목표를 향해서 진검승부의 자세로 삶에 임해왔다. 적은 노력으로 큰 성공을 얻으려 하면 원하는 성공을 절대로 얻을 수 없다.

산업능률연구원을 설립하고 2년 정도 되던 때, 평소에 가깝게 지내던 국내 굴지의 H그룹 연수원장으로부터 다음 해 기업 교육의 방향에 관한 특강을 해달라는 의뢰가 왔다. 당시는 한국이 일본으로부터 많은 것을 배우던 때라 내가 제휴한 일본 제1의 교육 컨설팅 기업 산노를 잘 아는 연수원장이 그룹 각 사의 연수팀 부장들과 연수원 교수들이 다 참석하는 자리에 나를 초청한 것이었다.

그런데 교육 분야의 전문가였던 참석자들은 불과 2년 전까지 무역회사 사장이었던 나의 커리어를 듣고는 당연하게도 시큰둥한 자세로 강연에 임했다. 하지만 2시간 강연 후 수많은 질문이 쏟아졌고, 그중 한 사람이 이렇게 질문해왔다.

"이 분야에서 불과 2년밖에 되지 않았는데 어떻게 이렇게 해박하게 설명하십니까?"

그때 나는 서슴없이 대답했다.

"저는 이 교육 컨설팅 사업에 모든 것을 걸었습니다. 이 분야에서 생존하기 위해 밤낮으로 프로처럼 노력했기 때문이라고 생각합니다."

회사를 창업해보니 직장생활은 아마추어 생활이었고, 기업 운영은 진검승부의 세계여서 프로만이 살아남는다는 것을 절실히 느꼈다. 회사가 잘못되면 직원들은 다른 회사로 자리를 옮기면 되지만, 경영자는 부채를 짊어지고 파산하게 된다. 직원들은 퇴근하면 한잔하기도 하고, 징검다리 연휴가 되면 앞뒤로 연차 휴가를 써가며 휴가 계획에 몰두하지만, 경영자는 매달 꼬박꼬박 나가는 인건비와 관리비, 수주 걱정에 휴가를 생각할 겨를이 없다. 주말이든, 휴가든 심지어 잠을 자는 동안 꿈에서까지도 경영을 생각한다.

한국인 프로 골프 선수들이 미국의 여러 도시나 해외 시합에 참여해서 좋은 성적을 올리면 팬들이 열광한다. 그런데 그 선수들이 시합에 참가하려면 비행기나 자동차로 장거리 이동을 해야 하고, 호텔에 머물러야 한다. 그리고 모든 일정의 뒷바라지를 위해 가족이 동행하기도 한다. 며칠간의 시합을 하는 동안에도 숙식비가 들고, 캐디 고용 비용도 써야 한다. 그런데 이틀 동안의 시합 성적에 따라 참가자의 반 정도는 컷 탈락한다. 컷 탈락하면 상금을 한 푼도 손에 쥐지 못하고, 경비만 쓴 채 빈손으로 돌아가야 한다. 금전적 손해를 보는 것은 고사하고, 자존심이 상하고 좌절감마저 느끼게 된다. 그러니 그들이 얼마나 필사적으로 연습하겠는가?

많은 회사원이 창업을 꿈꾸지만, 대부분 결행하지 못하는 이유는 창업했다가 아차 하면 모든 것을 잃는 진검승부에 뛰어들기가 두렵기 때문이다. 최근에 유명한 교수들이 교수직을 유지하며 교내 창업하는 경우를 많이 본다. 싼 비용으로 학생들을 이용하고 실패하더라도 교수 생활은 계속할 수 있으니, 그것을 진검승부라고 볼 수는 없다.

군 세대 후 들어간 첫 직장이 일본과 기술 제휴한 금속 주물 회사였다. 영업 부서에 배치되었지만, 제품을 잘 알아야 한다는 이유로 처음 석 달은 생산 현장에 투입되었다. 공장에서 일하는 동안 생산 공정의 각 단계를 직접 체험하고, 작업을 마치면 샤워한 후에 선배들이 일러주는 공정별 이론 지식을 공부했다. 특수 주물을 생산하던 그 회사에는 다카하시라는 일본인 고문이 상주했는데, 그분의 지도를 받으며 금속 가공 공장의 생산 공정에 대한 구체적이고도 실질적인 공부를 많이 했다.
그렇게 1년쯤 지날 무렵에 미국에서 온 큰 바이어와 상담을 했는데, 나의 폭넓고 깊은 주물·금속 관련 지식에 놀란 바이어가 금속학과 전공자냐고 물었다. 그러면서 자기가 나이가 많아 아시아로 출장 다니기가 너무 힘드니 나보고 대신 자기의 역할을 해달라며 당장 함께 미국으로 가자고 했다(제1장 15. 삶을 조종하는 보이지 않는 손 참고).

대우에 입사해 섬유 원단 수입 담당자가 되었을 때는 약 3개월간 생산 공장에 견학을 가보고, 집까지 원단 샘플들을 가져와서 만져 보고, 태워 보고, 확대경으로 살펴보고 하면서 업무의 기초 지식을 쌓는 공부를 했다. 그러다 보니 나의 지식이 알려져 섬유 세일즈 팀에서는 큰 바이어가 오면 나를 세일즈 현장에 참석하라고 했다. 바이어가 의류를 가져와 상담을 시작하면, 나는 원단을 살펴보며 원단의 성분, 생산성, 가격, 주문 후의 납기 등을 현장에서 바로 알려주는 역할로 상담을 도왔다.

일본 주재원 생활 7년을 마칠 무렵에는 일본인들에게서 "정 상은 일본에서 태어났지요?"라는 말을 종종 듣게 되었다.
나에게 일본어 숙달 비결을 알려 달라는 사람들이 많다.

"일본어를 잘 배우려면 어떻게 해야 해요? 3개월 정도 배우다가 그만두었어요."
"일본 회사에 6년간 근무했는데, 아직 일본어를 잘 못 해요. 어떻게 해야 하나요?"

그런 이야기를 들으면, 나는 "어떤 외국어도 쉽게 배우는 비결은 없습니다. 꾸준한 노력이 비결입니다"라고 말한다.

당신을 만나면 힘이 나요

섬유 수출 부장으로 귀임했을 때도 배수의 진을 치고 노력해서 최하위 부서를 최우수 부서에 올려놓았고, 교육사업을 하면서 그 누구보다도 높은 평가를 받는 강의력을 연마했다.

수강자들의 상담에 잘 응하기 위해 직장인 심리상담을 꾸준히 공부하며 실전을 쌓은 덕분에 상담 전공자들 이상으로 인정받는 상담 실력을 갖게 되었다.

어느 분야에서 무슨 일을 하던지 절대로 패배하지 않겠다는 진검승부의 자세로 살아야 한다. 실패하면 돈도 인생도 전부 날린다는 절실한 마음으로 피나는 노력을 해야 한다. 그래야 남들보다 앞설 수 있고, 자기 삶을 업그레이드할 수 있다.

2

삶을 송두리째
바꾸는 선택

인생은 선택의 연속이다. 결혼, 취직, 이직, 창업, 이혼, 은퇴 후의 삶… 그 모든 것은 본인이 선택한 것이다. 본인이 의도하든, 외부 요인에 의해 어쩔 수 없어서 하든 간에 그 어떤 선택도 당신의 책임이다. 그 선택 중에는 당신의 삶 자체를 송두리째 바꿀 수 있는 것도 있다.

내가 예약했다가 취소하고 다른 항공 편으로 사흘 먼저 아프리카 북단 리비아로 출장을 갔는데, 내가 취소한 바로 그 803편 여객기가 리비아 트리폴리 공항에 착륙하던 중 추락해 승객과 승무원 199명 중 75명이 사망했다. 1989년 7월 27일 새벽(현지 시각)에 일어난 일이다. 출장 출발을 앞두고 집사람이 "왠지 항공 편을 바꾸는 게 좋겠다"라고 하는 이야기를 듣고, 대한항공 직항 편으로 편하게 갈 것인지, 프랑크푸르트를 경유해 불편하게 갈 것인지 선택해야 했는데, 용케도 항공 편을 바꾸는 선택을 해서 참사를 면하고 살아남을 수 있었다(제1장 3. 여객기가 추락한 바로 그 현장에서 참고).

1989년 12월 초, 이미 7년씩이나 일본에 주재하다가 귀국한 지 3년이 채 되지 않았는데, 또다시 일본의 현지 법인 책임자로 나가라는 회장의 직접 지시를 받았다. 다시 6~7년 동안 일본에 주재하면서 출세길을 걸을 것인지, 발령을 거부하고 사표를 낼 것인지 선택해야 했다. 만약 다시 자녀들을 데리고 일본으로 가기를 선택하면 자녀들은 향후 일본에서 재일교포들이 당하는 것처럼 차별받으며 살아갈 것이 뻔하기에, 나로서는 나의 출세보다는 자녀들의 장래를 위하는 쪽으로 마음을 두고 사표 내기를 선택했다.

당시 내가 사표를 내자 많은 사람이 말렸고, 심지어는 김우중 회장께서 두 번이나 집사람에게 전화해서 내가 생각을 바꾸도록 해달라고 회유했다. 회장께서 직접 나를 불러서 만류했지만, 나는 최종적으로 퇴사를 결정했다. 당시 많은 사람이 회장에게까지 능력을 인정받아 향후 출세가 보장되는 사람이 자기 복을 자기 발로 걷어찼다고 했지만, 그 선택으로 나는 창업해서 전혀 다른 삶을 살게 되었다. 그리고 내가 퇴사한 10년 후 IMF 외환 위기로 대우그룹은 부도를 맞아 그룹이 해체되면서 수많은 종업원이 피해를 보았고, 더욱이 많은 중역, 사장단들이 회사의 채무 변제 책임에 따라 신용 불량자로 전락했다. 그때 사표를 선택한 덕분에 결과적으로는 자녀들도 살리고, 나도 화를 면할 수 있었다.

2004년에 나는 업종을 바꾸는 선택을 했다.

고교 시절과 대학 시절을 통틀어 나의 마음속에는 늘 남을 지도하는 일을 하겠다는 꿈이 있었지만, 가정 형편상 우선 돈을 벌어야 했으므로 유학은 꿈도 꾸지 못했기에 교수로서의 길을 선택하지 못했다. 직장 생활을 그만두고 창업해서 무역회사를 경영하면서도 항상 그 꿈을 마음속에 간직하고 있었는데, 일본 출장을 갔다가 우연히 일본 제1의 기업 교육 컨설팅 회사를 알게 되었고, 그 회사와 제휴해 사업을 하면 좋겠다고 생각했다. 남들은 제휴가 불가능한 기업이라고 했지만, 나의 염원을 꺾을 수는 없었다. 그렇게 해서 각고의 노력 끝에 제휴에 성공해 교육 컨설팅업을 하게 되면서 내가 원하는 행복한 생활을 할 수 있었다 (제2장 3. 계란으로 바위 치기 같은 제휴 성공 참고).

직장인들이 사표를 내겠다고 결심한 상태에서 나에게 상담하러 오는 경우가 많았다. 직장을 바꾸는 선택, 직업을 바꾸는 선택 모두 그 후의 긴 인생을 크게 바꾼다. 나는 그들에게 주로 "사표는 언제든지 낼 수 있으니 급하게 감정적으로 결정하지 말고, 자신이 진정으로 바라는 것은 무엇이고, 그것을 위해 지금 어떤 준비와 각오가 되어 있는지 생각해보라"고 조언했다. 그리고 지금의 결정이 장기적으로 그 자신의 인생에 어떤 긍정적인 결과를 가져올지 함께 이야기 나누면서 최선의 선택을 하도록 도왔다.

눈앞의 이익을 좇아서, 상사가 마음에 안 들어서, 연봉을 조금 더 준다고 해서, 직책을 조금 올려 준다는 유혹 때문에 하는 선택은 큰 후회를 낳기 쉽다. 중국 기업들이 제시하는 높은 연봉의 달콤한 유혹에 빠져 중국으로 갔다가 몇 년 내에 버림받고 후회하는 경우가 비일비재하다.

삶의 과정에서 마주치는 선택의 기로에서 현명한 선택을 위해서는 다음 세 가지를 주의하자.

당신을 만나면 힘이 나요

첫째, 지금 하려는 선택이 진정으로 자기가 원하는 것, 자기 인생에서 중요시하는 가치에 맞는지 생각해보아야 한다.

둘째, 현재 자신의 환경, 능력 등 자신을 정확하게 파악해(자기 발견) 감당이 가능한 선택을 해야 한다.

셋째, 지금 하려는 선택의 긴급도와 중요도를 고려해서 자신의 라이프 플랜, 커리어 플랜에 맞는지 생각해가며 선택해야 한다.

본의든, 타의든 그 어떤 선택도 당신의 삶 자체를 송두리째 바꿀 수 있고, 그 결과는 모두 당신의 책임이다. 그러므로 후회 없는 삶을 살아가기 위해 장기적인 시각에서 한발 물러서서, 한 호흡을 더 하고 신중히 선택해야 한다.

3

25년 후의 당신이
오늘의 당신에게

"선생님, 만약 25년 전으로 되돌아가신다면 인생을 어떻게 사시겠습니까?"

강의 중 수강자가 다소 엉뚱한 질문을 했다. 강사인 내가 25년 전으로 되돌아간다면 지금 자기들 또래의 나이일 것이라고 생각해서 자기들 나이의 시선에서 가질 수 있는 삶의 지혜를 얻고 싶다는 의미의 질문이었다.

우리에게는 25년 전의 내가 있고, 25년 후의 내가 있다. 100년 인생을 생각하면 25년이 네 번 반복된다. 인생에도 4/4 분기가 있다고 생각할 수 있다.

당시 그 질문에 대한 나의 답변은 이랬다.

"제가 25년 전으로 다시 돌아가서 살더라도 25년 후인 지금 이 자리에서 여러분에게 강의하고 있겠지요. 지난 25년간 저는 저에게 주어진 환경 속에서, 주어진 능력으로 최선을 다했기 때문에 이 이상 더 잘되기도 어려웠을 것이고, 또 후회도 없다는 의미입니다."

나는 그렇게 서두를 꺼내 놓고 이야기를 이어 나갔다.

"그러면 이제 제가 질문하겠습니다. 여러분의 자녀들은 지금 여러분보다 30년 정도 어린 나이의 학생들일 것입니다. 그 자녀들이 여러분에게 같은 질문을 한다면, 여러분은 어떻게 대답하시겠습니까?"

대부분의 부모들은 살면서 느낀 점을 바탕으로 자녀들에게 열심히 공부해서 좋은 대학에 가라, 좋은 직장에 취업하라, 건강에 유의해라, 앞으로 더 좋은 인생을 위해 열심히 노력하라는 이야기를 한다. 그런데 자식들은 가장 가까이에 있는 부모를 보고 배운다. 그래서 자녀가 '나도 부모님처럼 살아야지'라는 생각이 들도록 하면, 가장 성공한 인생이라고 생각한다. '나는 절대로 부모님처럼 살지 않을 거야'라는 생각이 들도록 살면 실패한 인생이 되는 것이다.

"그래서 여러분보다 약 25년 정도 더 나이 든 저의 시선으로 본다면, 저는 여러분의 자녀들보다 여러분이 더 걱정입니다. 여러분의 25년 후의 모습을 그려 보고, 오늘의 자신에게 어떤 충고를 하면 좋을지 생각해보세요. 각자 그려 본 25년 후의 그림에 따라 지금 자신에게 할 수 있는 충고가 다르겠지요? 아마도 아직 젊으니 직장생활에 열심히 임하라, 인간관계를 잘 만들어가라, 건강이 제일이니 건강을 위해 운동을 게을리하지 마라, 정년퇴직 후를 준비하라, 당신 자신을 위해 살아라, 당신이 좋아하는 일을 하며 살기 위해 준비하라, 노후의 삶을 위해 착실히 저축하라 등등의 말을 할 것입니다."

나의 이야기를 듣고, 한 수강생이 말했다.

"말씀을 듣고 보니 지금 제가 제 아이들을 걱정하는 만큼, 25년 후의 제 인생을 위해 걱정하고 더 노력해야겠다는 생각이 듭니다."

"그렇습니다. 여러분이 지금 40대 중·후반이니, 25년 후에는 70세 정도 될 겁니다. 요즈음은 70세라도 아주 건강해서 어떤 일이든 할 수 있는 체력이 됩니다. 70세는 경로당에서도 받아주지 않을 젊은 나이이고, 더 연로하신 어른들로부터 '좋은 나이일세. 아직 젊었네'라는 말을 듣게 됩니다. 그런데 70세가 되어도, 아직 30년이란 세월이 여러분에게 더 주어집니다. 그렇게 긴 인생이 여러분 앞에 놓여 있는데, 대학교 입시 공부를 한 이후로는 더 이상 몰두하며 공부한 분야가 없다는 것은 말이 안 되지요."

강의장 안에는 점차 숙연해지는 분위기가 감돌았다.

"70세, 80세, 90세에 이르렀을 때 어떤 모습이 되어 있을지, 이상적인 여러분의 모습을 그려 놓고 후회나 아쉬움이 남지 않도록 준비하세요. 그 나이가 되어서 자기 스스로에게 '그동안 수고했다. 열심히 살았다. 그래서 지금의 행복이 있는 거야'라고 말할 수 있어야 합니다."

당신을 만나면 힘이 나요

강의하면서 나도 모르게 신바람이 날 때가 있다. 그럴 때는 말하고자 하는 내용이 입안에서 저절로 술술 풀려나오는 것 같다.

"자기가 늙었다고 생각하는 사람은 늙은 사람이고, 아직 젊다고 생각하는 사람은 젊은 사람입니다. 지금부터 무엇을 새로 시작하고 도전하든 여러분들의 나이 때는 무한한 가능성을 추구할 수 있습니다. 지금부터 삶의 방식을 조금만 바꾸어도 지금 이후의 인생을 후회 없이, 보람 있게 보낼 수 있습니다. 절대로 현실에 안주하거나 포기해서는 안 됩니다. 지금부터 시작한다고 해도 아주 긴 세월이 여러분에게 주어집니다."

강의를 마치고 그 회사 직원의 안내를 받으며 강당에서 내려가는데, 한 수강생이 다가와 말했다.

"선생님, 오늘 특별히 좋은 말씀을 해주셔서 정말 감사합니다. 오늘 말씀을 들으며 현실에 안주하며 살고 있는 저의 모습, 25년 후를 위해 다시 도전하는 노력이 부족한 제 모습을 발견했습니다. 늘 25년 후의 제가 오늘의 저에게 따끔한 충고를 하면서 살아가도록 명심하겠습니다."

<u>자녀들의 25년 후를 걱정할 때가 아니다. 자기 자신의 25년 후의 바람직한 모습을 위해 지금 당장 목표를 세워 배우고 성장하려는 노력하는 것이 더 시급하다.</u>

4

스스로 청찬하는
힘은 위대하다

본인만큼 자신을 잘 아는 사람은 없다. 스스로 청찬하지 않으면서 어떻게 남이 자기를 청찬하기를 바랄 수 있는가. 스스로 자신의 장점을 찾아 청찬하는 자기 긍정의 노력은 자신을 더욱 청찬받을 만한 사람으로 만들어간다. 자존감을 높이며 스트레스도 줄이고 의욕을 높여 준다. 청찬의 위대한 힘을 믿고 당장 거울 앞에 서서 자기 청찬을 시작해 보자.

90세 할머니에게 "할머니는 꼭 처녀같이 고우시네요"라고 하면, "에이, 망측하게시리 무슨…"이라고 반응하고는, 집에 가서 할아버지에게, "영감, 글쎄 어떤 총각이 나더러 꼭 처녀같이 곱다고 하지 뭐예요. 호호호…"라고 말한 뒤 방에 들어가서 거울을 본다고 한다. 청찬의 위력은 대단한 것이다.

당신을 만나면 힘이 나요

"자기를 스스로 칭찬하세요."

그렇게 이야기하면 스스로 칭찬할 점을 찾아보려는 긍정적인 태도를 보이는 사람이 있고, "에이, 쑥스럽게 무슨 자기 칭찬을…" 하면서 부정적인 반응을 보이는 사람이 있다. 그 결과는 엄청난 차이가 난다. "내가 왜 이럴까?", "나는 안 돼", "나는 정말 문제야" 이런 말을 자주 하고, 자기를 자책하면 자신감이 없어지고 의욕도 잃게 된다.

현대중공업의 현장 반장들에게 강의할 때였다. 중학교나 고등학교를 졸업하고 현장에서 30여 년을 근무하며 잔뼈가 굵어져 각자 맡은 분야에서는 대단한 실력을 지닌 장인급의 사람들이다. 그런데 그들에게 "당신의 부인과 자녀들은 다른 사람들에게 당신을 어떻게 소개하나요? 어떻게 자랑하나요?"라고 다소 엉뚱한 질문을 해보았다.

"'무슨 회사에 다니는 어느 부문 반장이다' 정도로 소개하겠지요"라고 답하는 경우가 대부분이었다. 그 속에는 자부심이나 자랑스러움이 전혀 들어 있지 않았다. 학력이 낮다는 콤플렉스, 번듯하게 넥타이에 양복을 입지 못하고 사시사철 작업복을 입고 출퇴근하는 자기 모습을 스스로 자랑스럽게 이야기하지 못하는 사람들이 대부분이었다. 그러나 오늘날의 선진국 대한민국을 이루는 데 그들이 땀 흘리고 피나는 노력을 쏟은 일등 공신임을 부인할 사람은 없다.

그들에게 자랑스러운 자기 모습을 나타내는 PR 포인트를 만들어 발표하는 시간을 가져 보았다. 스스로 자랑스러운 자기 모습을 그려 보고, 그런 자신의 모습을 부인과 자녀들이 다른 사람에게 자랑스럽게 소개할 것이라고 여겨 스스로 어깨를 펴도록 해주고 싶었다. 그렇게 되려면 자랑스러운 자기 모습, 일하는 내용을 스스로 정리해 가족에게 이야기해주어야 한다. 자신감과 자긍심의 바이러스가 가족을 통해 퍼지면 세상이 밝아질 것이기 때문이다.

"저의 남편은 현대중공업에서 일하는 선박 페인트 부문의 최고 장인입니다. 대한민국의 조선이 세계 1등이 되는 데 가장 중요한 역할을 해오고 있습니다."

"저의 아버지는 현대중공업 용접 부문의 최고 장인입니다. 뜨거운 여름날이나, 혹한의 추위도 묵묵히 견디고 일하시며, 대한민국의 조선이 오늘날 세계 1등이 되는 데 크게 기여하신 분입니다."

"우리 남편은 품질 관리 부문의 장인입니다. 매의 눈으로 품질 검사를 하는 덕분에 우리가 세계 1등 조선국이 되는 데 크게 이바지하고 있어요. 그리고 자상한 가장이기도 해요."

이런 식으로 자기 자랑 표현을 만들어가며, 그들의 얼굴에는 어느덧 자신감이 피어오르고 있었다. 자기의 장점과 칭찬 포인트는 얼마든지 더 찾을 수 있다. 그리고 그런 긍정적인 자세로 살아가면 스스로 자부심이 생긴다. 자신이 자랑스럽게 된다.

집에 가져가서 오늘 만든 내용을 부인과 자녀에게 전달하게 했다. 그러면서 "남편과 아버지를 남에게 소개할 때 사용하라"는 말을 꼭 잊지 말고 해주라고 했다.

연수가 끝났을 때, 연수 담당 직원이 나에게 그날의 연수 만족도가 최고로 높았다고 말해주었다.

스스로를 칭찬하는 좋은 방법은 거울을 보며, 거울 속의 자신을 칭찬하는 것이다. 거울을 보며 스스로 자기를 칭찬하는 게 처음에는 어색하겠지만, 작은 것부터 하나씩 자기 칭찬 포인트를 찾아가다 보면 점점 칭찬할 요소가 늘게 되고, 자신을 칭찬하는 습관이 몸에 밴다.

우리는 매일 아침에 세면대에서 거울을 보는 것을 시작으로 하루에도 여러 번 거울을 마주하게 된다. 그때 거울 속에 보이는 자기에게 한 가지라도 칭찬하는 습관을 지니면, 저절로 만사가 잘 풀리는 성공적인 인생길이 열리게 된다.

내 방에는 큰 거울이 있다. 매일 몇 번씩 본다. 거울 속에 비친 나와 대화하며 나를 칭찬한다.

"항상 웃는 표정, 밝고 편안한 얼굴이 너의 매력이자 장점이야."
"산동네에서 과외공부는커녕 매일 물지게를 져 나르면서도 바르게 살며 좋은 대학을 갔으니, 너는 훌륭해!"
"70대에도 도전을 멈추지 않은 그 삶의 자세가 좋아."
"아직 큰 병이 없는 것은 평소에 건강 관리를 잘하고, 건전한 생활을 하기 때문이야. 아주 잘하고 있어."
"부부 관계가 좋은 것은 더없이 큰 행복이야. 그렇게 되도록 노력한 데 대해 칭찬받아 마땅해."
"좋은 친구들이 주위에 많아. 큰 복이야."

이렇게 거울 속의 나와 대화를 나누는 것이다. 누가 보지 않으니 부끄러울 것도 없다. 또 남에게 들으라고 일부러 과장해서 이야기하지 않아서 좋다. 있는 그대로의 자기와 대화하며 칭찬하는 것이다. 과거의 자기 경험을 되돌아보고 성공했던 일이나 다른 사람들에게서 칭찬받았던 일을 생각해내는 것도 좋은 방법이다.

칭찬 항목은 용모, 태도, 능력, 가치관, 성격, 업무 실적, 인간관계 등 여러 분야에서 얼마든지 찾을 수 있다. 지금 당장 자기를 칭찬해보자.

자기 전에 누워서 오늘 하루 동안 잘한 일을 떠올리며 자기를 칭찬하는 것도 좋은 방법이다. 혼잣말로 중얼거려도 좋다.

"오늘 나는 정말 열심히 일했다."
"어려운 문제를 오늘 잘 해결했다."
"남을 잘 도와주었다."

이렇게 자기에 대한 칭찬을 중얼거리다 잠을 자면 편안한 얼굴로 숙면을 할 수 있다. 자기 칭찬도 한두 번만 하다 말면 효과가 없다. 꾸준히 하는 노력이 필요하다.

인생을 성공적으로 살기 위해 열심히 노력하고 있는 당신을 스스로 칭찬하자. 거울을 보며 칭찬해도 좋고, 일기에 매일 자기가 잘하고 있는 점을 기록해도 좋다. 자기 칭찬 노력을 꾸준히 하면, 정말로 칭찬받을 만한 사람이 되어간다.

당신을 만나면 힘이 나요

5

아는 만큼 보이고, 보는 만큼 알게 된다

김우중 회장처럼 세계 각지를 많이 누비고 다닌 경영자는 일찍이 없었다. 많은 나라에 다니면서 새로운 비즈니스 기회를 많이 창출했고, 그 경험을 바탕으로 《세계는 넓고 할 일은 많다》라는 베스트셀러 저서를 남겼다. 많이 본 만큼 알게 되었고, 아는 만큼 더 보였던 것이다.

엑스레이 필름이나 MRI 영상을 보면 의사들은 어디가 어떻게 나쁜지 알지만, 우리는 같은 것을 보면서도 그것을 판독해내지 못한다. 지식과 경험의 차이가 있기 때문이다.

작은 세상만 보고 자기가 본 세상이 전부라고 착각하는 사람을 '우물 안의 개구리' 같다고 한다. 세상을 많이 알려면 자기의 틀을 벗어나 다양한 경험을 하고, 도전을 통해 실패도 하고 성공하기도 하면서 배우고 또 성장해야 한다. 대충 보고 아는 것은 오히려 독이 된다. 진검승부를 하는 것처럼 심도 있게 깊이 그리고 예리하게 보아야 한다.

서울의 인사동·북촌·서촌, 홍대 주변 등에는 유럽 못지않게 예쁜 가게들, 음식점들이 많다. 우리나라의 젊은이들이 해외여행을 많이 하면서 보고 배운 지식과 경험으로 만든 가게들이다. 많이 보고, 많이 배운 젊은이들이 빠른 시일 안에 이탈리아나 프랑스의 유명한 패션·명품 브랜드와 같은 한국의 명품 브랜드들을 창출해 세계를 제패할 것이라고 생각한다.

나는 경제개발 5개년 계획을 추진하던 시기에 일본을 배우고, 일본 주재원 생활을 하며 일본의 저력을 보았고, 일본을 모델로 발전하는 한국의 밝은 미래를 보았다. 일본의 상장 기업 베네세의 한국 사장을 할 때, 베네세 그룹에 실버 비즈니스 일본 내 2위인 스타일케어라는 자회사가 있어서 일본의 실버산업에 관심을 두고 공부를 한 적이 있다. 그러다 보니 한국 실버 비즈니스의 미래가 보였고, 실버 관련 기업의 고문도 할 수 있었다.

그런데 그랬던 일본이 G2까지 올라가자 자만하고, 해외에서 배울 것이 없다며 유학도 가지 않고, 자국의 내수에 만족한 채 팔짱을 끼고 있다가 고령화와 저출산이 오면서 지금 몰락의 길로 접어든 모습을 보면, 우리가 어떻게 대처해야 하는지 그 길이 보인다.

저출산 고령화, IT, AI, 로봇, 생명공학 등 세상을 바꾸는 큰 물결, 흐름을 잘 읽어야 세상이 보이고 기회가 보인다. 세상을 바꾸는 큰 변화를 읽는 노력을 하는 사람은 그만큼 기회가 보이게 된다.

당신을 만나면 힘이 나요

우리나라의 발전 모습을 모델로 하는 베트남 등 동남아 국가의 10년 후, 20년 후 사회의 변화와 각 산업 분야의 발전 방향은 우리의 경험으로 충분히 예측할 수 있다. 젊은 사람들이 우리나라의 발전 과정과 스테이지별 성장 회사를 눈여겨보고 베트남 등 동남아에 진출한다면 성공의 기회가 보일 것이다.

한류의 확산으로 전 세계에서 한국의 위상이 달라지면서 젊은 사람들이 가보고 느끼고 연구하면 자기만의 새로운 길이 열릴 것이다.

직접 경험하지 못한 것은 책을 많이 읽고, 세미나에 참석하거나 유튜브를 이용해 강연을 들으면 큰 도움이 된다.

꾸준히 도전하고 경험하며 자기 계발을 하는 사람은 세상을 바라보는 시야가 넓어지고, 더 많은 것을 이해하게 된다. 또한 자신의 강점과 약점을 잘 파악하고 세상의 흐름을 알게 되기에 변화에 대처해 큰 성공의 기회를 잡을 수 있다.

"에이, 지금 이 나이에 내가 뭘…"이라고 하는 말을 나는 제일 싫어한다. 지금부터라도 많이 보고, 많이 알려고 노력하면서 많은 경험을 쌓아 보자. 그런 노력이 당신을 업그레이드시키고, 세상을 보는 새로운 시야를 가지게 하고, 새로운 기회도 가져다줄 것이다.

아는 만큼 보이고, 보는 만큼 알게 된다. 열심히 트렌드를 읽고 다양한 경험과 도전을 시도해보아야 한다. 기회는 그 과정에서 찾아온다.

6

자기 발견이
업그레이드의 지름길

자신을 발견한다는 것은 본인도 미처 몰랐던 자기의 능력과 자신의 한계, 인성과 같은 자기의 본질을 발견하는 것이고, 제삼자의 눈에 비친 자기 모습을 아는 것이며, 진정으로 자신이 원하고 이루고 싶은 것을 아는 것이다. 진정한 자기의 모습을 발견하는 것은 자신을 업그레이드하는 지름길이다.

대기업에 다니다가 호기롭게 사표를 낸 후 중소기업을 창업하고 나서야 그동안 내가 생각했던 나의 능력, 학력, 경력, 업적은 대기업의 울타리 밖에서는 그다지 높이 평가받지 못한다는 사실을 뼈저리게 실감했다. 은행에서 나를 평가하는 신용과 능력 척도는 담보 능력과 회사의 실적뿐이었다. 큰 조직 속에서 내가 발휘했던 나의 능력은 대부분 조직의 힘이 받쳐 준 능력이었는데, 그것이 나의 능력이라고 착각했다.

당신을 만나면 힘이 나요

사람들은 자기에 대해 착각하거나 자신을 과신하거나 심지어 자기를 비하하기도 한다. 제삼자는 객관적으로 쉽게 알 수 있는 자기 모습까지도 정작 스스로 잘 모르는 경우가 많다. 그러다 보면 얼마든지 성장할 수 있는 자기의 잠재력을 발휘할 수 있는 기회도 놓치게 된다.

인사 평가 결과를 받고 '저 친구보다 내가 왜 저평가되었지?', '내가 뭐가 부족해서…?'라고 생각하면서 도저히 납득할 수 없다고 펄펄 뛰는 사람들, 흥분해서 사표를 내기까지 하는 사람들은 자기를 잘 모르고 있는 좋은 사례다.

일본 회사의 고문으로 있을 때의 이야기다.

영업부장이 사표를 내자 어느 팀장이 자기가 영업부장 일을 하겠다고 손을 들었다. 본인은 충분히 자격이 있고 할 수 있다고 강력히 주장했지만, 우리가 보는 그 팀장은 사교적이지 못하고 내성적인 성격이어서 영업부장의 역할을 하기에는 맞지 않다고 판단하고 있었다. 본인만 그 사실을 모르고 있었을 뿐이다.

어느 팀장이 사표를 내겠다며 상담을 청해왔다. 사장의 지시나 회사의 업무가 마음에 안 든다는 것이었다. 내가 보기에는 지금 그 직장보다 좋은 조건의 직장을 찾기 어려운 사람이었는데, 본인은 얼마든지 다른 직장을 찾을 수 있다고 착각하는 것 같았다.

"지금 당장 사표를 내지는 말고 인재 알선 회사 서너 곳에 이력서를 내고, 좋은 조건으로 받아주는 곳이 있으면 그때 사표를 내는 게 좋겠습니다."

나는 그렇게 말하며 그의 흥분한 마음을 가라앉혀 주었다. 그러고 난 지 몇 개월 후에 그 팀장과 이야기할 기회가 있었다.

"말씀해주신 대로 여러 곳에 알아보았는데… 마땅한 곳이 없네요. 아무래도 이 회사에 그냥 남아 있어야겠습니다."

그 후 그 팀장은 차분하게 업무에 정진해 진급도 하고 연봉도 오르고, 지금까지 만족해하면서 직장생활을 잘하고 있으며 퇴직 후의 준비도 열심히 하고 있다.

매년 건강검진을 받는다. 그것은 신체적인 건강의 진단을 받는 일이다. 그 진단을 통해 자기가 몰랐던 자기의 건강상 이상 상태를 알게 되면, 치료받거나 조심하게 된다. 그런데 신체적인 건강보다 더 중요한 삶의 자세, 삶의 목표, 가치관, 성격, 태도, 인간관계, 적성, 능력 등을 소홀히 여길 수 있을까? 그런 것들에 대해서도 반드시 진단받아 보아야 한다.

진정한 자기를 발견하기 위해서는 다음과 같은 항목들을 챙겨 보아야 한다.

첫째, 자기가 처한 경제 환경과 사회 변화, 고용 환경의 변화 등을 알아야 한다.
둘째, 자기의 건강, 가족 상황, 재무 상황, 경력의 전문성 정도를 알아야 한다.

셋째, 자기의 성격, 꿈과 바람 등 내면의 자기 모습을 보아야 한다.

앞의 세 가지는 스스로 알 수도 있지만, 객관성을 높이기 위해 주위 사람, 선배, 상사, 동료들로부터 자신을 평가받아 보고 전문기관의 검사를 받아 보면 좋다. MBTI, 에니어그램 등 여러 진단 프로그램이 도움이 된다. 워크넷(www.work.go.kr)에서 무료로 실시하는 직업 심리검사를 실시해 성격, 직업 흥미, 적성, 가치관, 역량, 창업 적성 검사 등을 알아보는 것도 자기를 발견하는 좋은 방법이다. 그리고 자기의 경력이나 성공 경험 등을 분석해서 자기의 강·약점을 스스로 알아보기 위해 하는 SWOT 분석도 있다. 백지에 자기의 강점(Strengths), 약점(Weeknesses), 기회(Opportunitities), 위협(Threats) 요인을 적어 놓고 강점을 더욱 살릴 방법, 약점을 보완할 방법, 기회를 포착할 방법, 위협·위기 요소에 대처할 방법을 생각하다 보면 자기도 미처 몰랐던 자신을 알게 된다.

머리로 아는 것과 실제로 해보는 것에는 하늘과 땅만큼의 차이가 있다. 앞서 열거한 여러 방법을 실제로 해보면서 진정한 자기를 발견하고, 지금부터 자신을 업그레이드할 수 있는, 실천 가능한 전략을 짜는 노력을 당장 시작해보아야 한다.

7

실패의 경험도,
성공의 경험도 귀중한 자산

삶은 수많은 실패와 성공의 경험으로 이루어진다. 실패하든, 성공하든 모든 경험이 당신의 귀중한 자산이다. 실패의 교훈이나 도전의 경험으로 길러지는 문제 해결 능력은 돈으로 살 수 없는 귀중한 당신의 자산이어서 실패를 자책할 필요가 없고, 성공의 경험은 더 큰 성공을 불러오는 또 다른 귀중한 자산이어서 성공의 요인들을 분석해 소중히 간직해야 한다.

실패의 경험이 자산이라는 이야기를 할 때 흔히 전구를 발명한 토머스 에디슨(Thomas Edison)의 사례를 이야기한다. 그는 성공하기까지 1,000번 이상의 실험에 실패했는데, 전구가 작동하지 않는 1,000가지의 이유를 발견한 것뿐이라고 하며 "실패는 학습과정"이라고 했다. 농구황제 마이클 조던(Michael Jordan)은 "나는 내 인생에서 반복적으로 실패했다. 그래서 성공할 수 있었다"라고 했다.

대학 입시에 실패하거나 사업에 실패한 사람들이 그 경험으로 크게 성공하는 사례는 얼마든지 있다. 실패가 자산인 것이다.

나는 회사에 사표를 내고 창업해 두 달 만에 처참한 실패를 맛보았고, 그 아픔을 거울삼아 그 후에는 신중하고 단단한 회사 경영을 할 수 있게 되었다.

살아가면서 경험한 모든 것이 귀중한 자산이 된다.

건강을 잃어 보고는 건강을 더 중시하게 되었고, 가난한 청소년기를 이겨낸 삶의 경험도 자산이 되어 어떤 어려움도 헤쳐 나가는 강인한 정신력을 갖게 되었으며, 돈의 소중함을 잘 알게 되어 노후생활에 충분한 재산을 축적하게 되었다.

나는 문과 출신이지만 통신대대에서 군생활을 했는데, 그때 배운 전자 통신 지식이 자산이 되어 대우의 도쿄 주재원 시절 한국 최초로 일본에 컬러TV 수출 프로젝트를 성사시킬 수 있었고, 무역회사 창업 시 전자부품 수출을 많이 할 수 있었다.

첫 사회 경험으로 금속 주물 회사에서 생산 현장을 경험한 것은 공장의 생산 관리 프로세스를 배우는 귀중한 기회가 되었고, 열악한 환경에서 근무하는 근로자들의 애로 사항을 이해해서 그들을 상담할 때 큰 도움이 되었다.

직장인들은 봉급을 받아가면서 다양한 직무 경험을 하는 사람들인데, 직장생활을 통해 다양한 경험을 하는 것은 재테크를 하는 것이나 다름없으므로 직장에 감사한 마음을 가져야 한다.

대우에서 수출 부장직을 수행하던 시절에는 수많은 해외 클레임을 경험하고, 그것을 정리해서 사내 교육 강사로서의 경험을 했는데, 그 경험은 나중에 무역회사를 창업했을 때 실패를 막아 주는 큰 자산이 되었고, 교육 회사를 운영할 때도 수준 높은 강의력을 발휘할 수 있게 한 밑거름이 되었다.

일본에서 7년간 주재원 생활을 한 경험으로 일본어를 더 유창하게 할 수 있게 되었고, 일본 기업에 대한 폭넓은 지식을 갖출 수 있게 되어 일본 전문가로 활동했으며, 한국에 진출하는 일본 상장 기업의 한국 사장으로도 활동할 때 큰 도움이 되었다.

대우그룹에서 무역 부서의 부장을 하면서 다녔던 해외 출장은 일면 고생의 연속이었지만, 이제 보면 국제 비즈니스 감각을 키우는 절호의 기회였으며 무역회사를 창업해 경영할 때 큰 도움이 되었다.

지금 실패했다고, 현재 어렵다고 낙심할 필요가 없다. 지금 마음에 들지 않는 일을 한다고 허송세월한다고 생각할 필요가 없다. 당신이 경험하는 고난이나 실패, 작은 성공들 모두가 당신의 귀중한 자산을 쌓아 가는 과정이라고 생각하면 되는 것이다.

당신을 만나면 힘이 나요

8

포기하지 않으면
끝날 때까지 끝난 게 아니다

우승하는 팀도 항상 이기기만 하는 것이 아니다. 몇 번이고 패배를 경험하며 교훈을 얻어 다시 이기는 것이다. 인생도 몇 번의 실패로 끝나는 게 아니다. 인생이 끝나는 것은 포기할 때 아니면 죽을 때다. 힘들고 어려울 때 쉽게 포기하는 사람은 실패하게 되어 있고, 가능성을 믿고 끝까지 버티는 사람은 성공한다. 포기하지 않는 한 끝날 때까지 끝난 것이 아니다.

심리상담을 하면서도 그 사람의 하소연을 들어주고 공감한 다음, 현재의 어려움이 영원하지 않으며, 시간이 지나면 좋은 일들이 생길 것이라는 긍정적인 전망을 하도록 해주면, 결과가 좋아진다. 지금의 어려운 시기가 지나고 나면 더 좋은 날이 올 것이라는 희망을 품는 것은 행복한 삶과 성공을 이루는 데 가장 중요한 요소다. 지금의 절망적인 상황이 끝이 아니라는 마음이 들고, 어떤 어려움도 극복할 수 있으며 새로 시작할 수 있다는 긍정적인 마음을 가지면 비로소 성공은 시작되는 것이다.

나 역시 IMF 외환 위기 때는 정말 힘든 시기를 겪었는데, 포기하지 않고 버텼더니 기사회생의 큰 주문을 받았다. 조금 일찍 포기하고 회사를 접었다면 절대로 그런 수주가 불가능했을 터였다. 일본에 컬러TV 수출을 성공시킬 때도 본사가 거의 포기하기 직전까지 내몰렸으나 계속 밀어붙여 성공시켰다. 남들은 절대 불가능하다고 했으나 일본 제1의 교육 컨설팅 기업과 제휴하겠다며 도전할 때도 포기하지 않고 8개월간 매일 팩스를 보내고, 매달 일본을 방문하며 노력한 끝에 성사시켰다. 대우 부장으로 귀임했을 때는 폐부서 위기의 최하위 부서를 최우수 부서로 만들었고, 3년에 1,000만 보 걷기도 중도에 포기하지 않고 성공했다.

야구에서 9회 말 투 아웃, 패색이 짙어가는 때 적시 안타나 홈런 한 방으로 게임을 뒤집는 경우를 자주 본다. 축구도 90분 이후 주어지는 추가 시간마저 끝나갈 무렵 넣는 극장 골이 더 멋지고, 농구도 게임 종료 휘슬이 울리는 순간 던진 골이 들어가 스코어를 역전시키는 버저비터가 가장 짜릿하다. '골프는 장갑을 벗을 때까지 승부의 결과를 알 수 없다'라는 말이 있다. '아이구, 졌구나!' 하고 포기하면 절대로 역전은 발생하지 않는다. 끝날 때까지는 끝난 것이 아니라는 확고한 믿음을 가지고, 마지막까지 사력을 다할 때 가능한 것이다.

해리포터 시리즈의 저자인 J. K. 롤링(J. K. Rowling)은 이혼 후 아이를 키우며 경제적으로 어려운 상황에서도 포기하지 않고 글을 썼고, 출판사로부터 여러 차례 거절당했지만 그에 굴하지 않고 더욱 노력했다. 결국 자기 작품을 세계적인 베스트셀러로 만들어 현재 세계에서 가장 유명한 작가 중 한 명이 되었다.

남아프리카 공화국의 인종 차별 정책인 아파르트헤이트(Apartheid)에 맞서 싸운 넬슨 만델라(Nelson Mandela)는 27년간 감옥에 갇혀 있었지만 끝까지 포기하지 않았고, 결국 남아프리카 공화국의 첫 흑인 대통령이 되어 평화적 인종 통합을 이루어냈다.

닉 부이치치(Nick Vujicic)는 팔과 다리가 없는 상태로 태어났지만, 인생을 포기하지 않고 자신만의 길을 개척했다. 그는 세계적인 동기부여 강연자가 되어 많은 사람에게 희망과 용기를 주고 있다.

오프라 윈프리(Oprah Winfrey)는 가난한 가정에서 태어나 어린 시절에 많은 어려움을 겪었지만, 그 학대와 가난을 이겨냈다. 방송국에서 시작한 첫 일자리를 잃은 후에도 포기하지 않고 방송 경력을 계속 쌓은 결과, 마침내 자신의 토크쇼인 〈오프라 윈프리 쇼〉를 통해 세계적인 명성을 얻었다.

인생에 답이 없거나 길이 없는 경우란 없다. 삶의 어떤 문제도 극복할 수 있다는 긍정적인 신념을 가져야 하고, 포기하지 않고 노력하면 반드시 원하는 것을 얻을 수 있다.

9
—
밝은 미래를 약속하는
긍정 사고

긍정 사고는 어려움 속에서도 새로운 기회를 모색하고, 문제를 해결하며, 가능성을 찾으려는 태도를 말한다. 나는 남으로부터 표정이 밝고, 좋다는 이야기를 자주 듣는 편이다. 긍정적으로 생각하는 사람은 표정이 밝아지고, 자신감이 생기며, 동기부여가 되고, 삶의 만족도가 높아진다. 그 결과 그 주위에 사람들이 모이고, 밝은 미래를 만들어갈 수 있게 된다. 긍정 사고도 꾸준히 노력해야 습관이 된다.

낙심하는 직장인들을 상담할 때 그 사람 입에서 "그렇게 해보겠습니다", "그렇게 하면 가능성이 있겠네요"라는 긍정적인 말이 나오면, 내담자의 밝은 미래를 만들어줄 수 있는 성공적인 상담이 진행될 가능성이 커진다.

우리나라가 경제 강국으로 도약했고, 모든 분야에서 두각을 나타내는 요즈음도 "한국이 곧 망할 것 같다", "요즈음 젊은이들을 보면 한국의 앞날이 걱정된다", "정치인들이 문제야", "전쟁이 날 것 같아"라고 부정적인 말을 주로 하는 사람들이 있다. 그런 사람을 만나 같이 동조하다 보면, 나에게도 부정적인 사고가 전염될 수 있기 때문에 나는 그런 사람을 멀리한다.

긍정 사고를 하는 사람들은 밝고 활기찬 표정을 하며, 말도 긍정적으로 한다. 그들은 어려움에 직면해도 긍정적으로 받아들이고 노력해서 극복하려 하는 데 반해, 부정적인 사고를 하는 사람은 일단 환경을 탓하고 상대방을 비난한다.

긍정적인 사람은 희망과 밝은 미래를 이야기하며 자신은 물론이고 주위에 좋은 자극과 활력을 불어넣어 주지만, 부정적인 사람은 불평과 불만이 많아 주변 사람에게서 멀어지고 협력과 지원을 받기도 어려워진다.

물론 나 자신도 보통의 인간이기에 매사를 항상 긍정적으로만 보지는 못한다. 두려움도, 걱정도 많다. 그러나 긍정적으로 보러 노력하고, 긍정적으로 이야기하려고 애를 쓴다.

나는 혹독하게 힘든 청소년기를 지냈고, 또 사회생활이나 가정생활에서도 난관이 많았다. 사업 실패도 해보고, 병에도 시달려 보았다. 그러나 나의 노력인지, 천성 때문인지 비교적 밝고 환한 얼굴로 생활하고 사람들을 만난다. 친구들은 내가 부유한 가정에서 자라났고, 경제적으로 풍족해 아무런 걱정이 없이 살아가는 사람으로 보인다고 한다. 나이가 75세인데 얼굴에 주름이 보이지 않는다고 놀라워한다. 그 모든 것이 긍정적으로 생각하려 애쓰기 때문이라는 생각이 든다.

긍정 사고는 무엇보다도 우선 정신 건강을 좋게 한다. 스트레스 수준을 낮추고, 불안감을 줄이며, 행복감을 증가시킨다. 긍정적인 사람은 주변 사람도 긍정적으로 만든다. 긍정적인 사람들과 어울리면 서로 돕는 가운데, 힘과 용기를 주고받을 수 있어서 인간관계가 선순환 구조로 바뀌게 된다.

뇌는 자신이 반복해서 듣고 말한 내용을 진실로 받아들인다. 어떤 일이 닥쳐도 긍정적으로 생각하고, 긍정적인 방향으로 노력하는 습관을 기르자. '잘될 거야, 잘할 수 있어'라는 자기암시의 말을 습관적으로 해보자.

10

변화를 읽어야
새로운 기회를 잡을 수 있다

세상은 끊임없이 변하고 있다. 미래의 흐름과 변화를 읽는 노력을 꾸준히 해야지 막연히 기다려서는 절대로 좋은 기회를 잡을 수 없다. 4차 산업혁명이 세상을 바꾸었고, AI 시대가 또 큰 변화를 가져올 것이다. 저출산·고령화, 국제 정세, 국내 정세 등 모든 변화를 읽으려고 노력하는 사람에게만 기회가 보이고, 기회가 보여야 그것에 대처하며 새로운 기회를 잡을 수 있다.

도쿄 주재원 시절 도쿄대학교 출신들만의 이너서클 연구회(벤쿄카이)에 외국인으로서는 내가 제1호 멤버가 되었다. 월 1회 금요일 오후 6시에 테마에 따라 약 50~60명 정도 모이는데, 각 모임의 테마와 선정된 발표자는 두 달 전에 공지된다. 그리고 선정된 발표자는 개략적인 발표 내용을 해당 모임이 있기 한 달 전에 공지한다. 발표 시간 60분에 질의응답 시간은 발표 시간보다 긴 90분이었으므로, 웬만큼 준비해서는 참석자들의 질문 공세에 견딜 수가 없는 시스템이다. 내가 그 모임에 참가한 지 6개월 정도 되었을 무렵, 나는 '한국 경제 현상과 전망'이라는 테마로 발표해달라는 요청을 받았다. 일본이 급성장할 때 미국 사람들이 "일본이 온다(Japan is coming)"라고 떠들었는데, 이제는 "한국이 온다(Korea is coming)"라고 일본인들이 이야기하기 시작해 그 모임의 멤버들도 한국의 실상을 알고 변화에 대처하기 위함이었다.

주재원 생활을 하면서 일본의 주식 시장이 커가는 것을 보고 재미 삼아 약간의 투자를 해서 꽤 실속이 있었고, 그 바람에 주식 공부도 했다. 그런데 한국에 귀국해서 보니 이곳 주식 시장은 아직 그리 크지 않았다. 우리 사주가 나오면 거의 회사에서 주는 값에 팔기 바쁜 분위기인지라, 나는 그 주식을 모아서 상당한 재미를 보았다. 주식 시장이 커진다는 것, 즉 미래를 보는 사람과 보지 않는 사람의 차이가 그 대목에 있었던 것이다.

한번은 일본 사람과 이런 대화를 했다.

"지금 서울에서는 집값이 크게 오르고 있어서 난리예요. 주택을 지을 땅은 모자라는데, 어떻게 해결해야 할지…."

내가 하는 말을 듣더니, 상대가 아주 쉬운 문제에 대한 답을 알려주듯이 말했다.

"서울 주변에는 녹지가 많이 있으니, 그것을 개발하면 되지 않겠어요?"

"그건 대부분 개발할 수 없는 땅입니다. 그린벨트 녹지나 군사제한 지역으로 묶여 있거든요."

"정 상, 그게 기회라는 생각은 안 해보셨어요? 일본에서도 예전에는 그랬는데, 세월이 흐르고 총리가 바뀌면서 조금씩 해제가 되었지요. 아마 한국에서도 정권이 바뀌면 그렇게 묶여 있는 토지들이 조금씩 해제될 거예요."

당시에 나는 그 사람의 말을 흘려들었는데, 나중에야 그 말이 옳았다는 것을 알았다. 경험상 미래를 아는 사람과 모르는 사람의 차이였다.

나는 일본의 전자산업 발전상을 보면서 한국에서도 곧 전자제품 분야가 성장할 것이라는 예상을 했다. 내 예상대로 삼성전자와 LG전자가 급속히 발전해서 눈 깜짝할 사이에 일본을 능가했다.

한국이 섬유로 시작해 철강·자동차·기계로 산업 발전을 이루면서 급성장할 무렵, 나는 머지않아 한국이 제조업은 물론이고 화장품도 프랑스를 능가할 것이라고 믿고 이야기했는데, 이제는 일본의 시세이도·가네보를 넘어서 프랑스 제품 시장을 잠식하고 있다. 그리고 가죽 가방 등도 곧 이탈리아 제품보다 한국 제품이 더 잘 팔리는 시대가 온다고 예측했다. 떠오르는 한국의 국가 브랜드에 편승하면 얼마든지 해외에서 좋은 기회를 잡을 수 있는, 그런 시대가 오고 있다.

IT 산업이 급성장하면서 많은 변화가 있었고, 산업 성장기를 살아온 시니어들은 게임 시장이 이렇게 커질 줄은 미처 몰랐다.

경제 발전 단계별로 새로운 기회가 오는 것을 읽을 수 있으면 크게 성공할 수 있다. 우리의 젊은이들은 한국 내에서만 피 터지는 경쟁을 할 것이 아니라, 동남아나 인도 등 성장 지역으로 눈을 돌리면 기회는 얼마든지 찾을 수 있을 것이다.

일본이 급성장할 때 일본 제품을 수입해 팔았던 사람들, 에이전트들은 큰 기회를 잡았었다. 요즈음처럼 한류가 확산할 때 해외에서 우리의 소비 제품, 생활용품 등으로 얼마든지 기회를 창출할 수 있다고 생각한다.

한국도 고령화 사회가 되었다. 노인이 많아지면서 실버 비즈니스에 기회가 많고, 인력이 모자라면서 해외의 인재 알선 회사에도 새로운 기회가 올 것이다.

몇 년 전 충청도의 어느 농장을 방문해보니, 비닐하우스가 아니라 유리 온실에서 토마토를 재배하고 있었다. 여러 동의 유리 온실이 있었는데, 온실 한 동의 넓이가 무려 10,000평으로 어마어마하게 컸다. 수경 재배를 하고 있어서 토마토의 뿌리가 공중에 떠 있는 게 신기해 보였다. 재배, 영양 공급, 수확, 선별 출하 등이 상당히 자동화되어 있어서 일꾼도 몇 명 없었다. 기상 상황에 따른 피해도 없고, 병충해도 없다고 했다. 농업 분야도 크게 탈바꿈하고 있으며, 다양한 기회를 가져다주고 있다. 관심을 가지면 보이게 되어 있다.

눈부시게 발전하는 기술 분야와 고령화, 저출산 그리고 국내, 국제 정세의 변화 등 사회 변화를 잘 읽고 선제적으로 대응하려는 노력을 꾸준히 하면 얼마든지 성공의 기회를 잡을 수 있을 것이다.

11

고기 배달 소년의
유학

"고기를 배달하던 그 아이는 요즈음 어디에 갔나요?"
"미국으로 고기 유학을 갔습니다."
"고기 유학이요?"

도쿄 주재원 시절에 서울에서 출장자들이나 친구, 친지들이 많이도 방문해왔다. 당시 물가가 비싼 도쿄에서 내 월급으로 그들에게 외식 대접을 하기가 매우 부담스러웠다. 그러다 보니 우리 부부로서는 그들을 집으로 초대하는 일이 많았다. 출장자들에게도 일본의 아파트 내부와 일본에서의 생활 모습을 보여주어 색다른 경험도 시키고, 집사람의 노력 봉사 덕분으로 돈을 절약할 수가 있어서 여러모로 좋았다.

그런데 서울에서 오는 젊은 사람들은 먹성이 좋아 그들이 오면 한 번에 많은 양의 소고기를 사 와야 했다. 우리 집 근처에 정육점이 있었는데, 바쁜 시간에는 손님들이 줄을 서고 빠른 손놀림의 종업원 5~6명이 판매하는 상당히 큰 규모의 정육점이었다.

일본 사람들은 한 번에 100g이나 200g 정도로 적은 양의 고기를 사는데, 서울에서 손님 여러 명이 찾아온 어느 날 집사람이 그 정육점에 가서 "소고기 2kg 주세요"라고 했더니, 종업원의 눈이 동그래지면서 종이에 "2kg? 200g?"이라고 써서 보여주면서 재확인을 하더라는 것이었다. 외국인이 잘못 말했을 수도 있다고 생각해서 새삼 확인을 했던 것이다.

그렇게 몇 번 2kg씩 고기를 사러 갔더니, 어느 날 주인이 집사람에게 "전화만 주시면, 배달하겠습니다"라고 했다는 것이었다. 그래서 그 뒤로는 고기가 필요할 때는 전화로 주문해서 배달받았다. 그렇게 1년 이상 집으로 고기를 배달하던 어린 소년이 언젠가부터 보이지 않기에 집사람이 정육점에 가서 그 소년이 보이지 않는 사유를 물어보았다.

"아, 저희 사장님의 아드님 말입니까? 미국으로 고기 유학을 갔습니다. 축산부터 고기 해체, 고기 선별·감정 등 고기에 관한 교육을 잘 받고 돌아와서 다시 일할 겁니다."

그렇다. 일본에는 대를 이어 가업을 승계하는 가게가 많다. 어린 아들에게 정육점을 가업으로 이어 주기 위해 유학까지 시켜 가며 장인으로 키우려는 모습에 감명받았다. 우리는 아버지가 정육점을 해서 돈을 많이 벌면 아들은 무슨 일이 있어도 법대를 보내야지, 의사를 시켜야지 하는데, 일본은 달랐다. 그런 가업 승계의 장인 정신(匠の精神, Takumi no Seishin)은 오랫동안 일본 사회 전반에 영향을 끼쳐 왔고, 중요한 가치로 여겨지고 있다. 오늘날까지 수백 년을 이어 온 전통 기업을 무수히 만

들어낸 것이 일본의 기본 정신이라는 생각이 든다.

 겉으로 번지르르한 직업, 쉽게 돈을 벌려고 하는 마음에서 벗어나 어느 분야에서든 최고가 되려는 장인 정신을 가지고 노력하면, 얼마든지 각자의 분야에서 최고의 반열에 오를 수 있다.

12

스쳐 가는 인연 속에서
기회를 잡아라

우리는 살아가면서 수많은 사람을 만나는데, 그 인연 속에 당신에게 좋은 기회를 가져다줄 사람들이 있으니 그들과의 인연을 소중히 하라고 강의 중에 자주 이야기했다. 헤르만 헤세(Hermann Hesse)가 "인연이란 인내를 가지고 공을 들여야 비로소 향기로운 꽃을 피우는 한 포기 난초"라고 했듯이, 인연도 난초처럼 가꾸어야 한다. 또한 '옷깃만 스쳐도 인연'이라고 하는데, 인연이 옷깃에 스치기를 기다리지 말고 스스로 자기 옷깃을 상대방의 옷깃에 가져다 비벼서 소중한 인연을 만드는 적극성도 가져야 한다.

초등학교, 중학교, 고등학교, 대학교, 군대생활, 직장생활, 사회생활을 하면서 수많은 사람이 내게 다가왔다가 바람에 날리는 꽃잎처럼 흩어져 갔다. 그렇게 나의 곁으로 다가왔다가 스쳐 지나간 사람 중에 큰 힘과 용기를 준 사람들, 보석 같은 큰 기회를 제공한 사람들이 있었고,

귀한 인연인 줄 모르고 그냥 지나쳐버린 사람들도 있었다.

일본 주재원 생활 7년 동안 업무적으로 혹은 개인적인 친분으로 수많은 사람이 일본을 찾았다. 일본 공장에 견학을 오는 팀들이나 비즈니스 출장자들, 친지들을 수없이 안내했다.

연말이 되면 그렇게 만났던 사람들과 크리스마스카드와 연하장을 주고받는다. 인쇄된 것에 그냥 사인만 해서 보내오는 크리스마스카드와 연하장은 한 번 보고는 그냥 버리게 된다. 요즈음은 새해 인사를 메일로 보내오기도 하고, 카카오톡으로 간단히 인사를 하는 경우도 많다.

그런데 직접 손으로 써 보내는 카드와 연하장은 전해져 오는 느낌이 전혀 다르다. 주소를 손으로 쓰고 내용도 손으로 정성스레 써서 보내면 그 속에서 상대방의 진실된 마음을 느낄 수 있다(제4장 10. 온기 우체부의 손편지).

나는 일본 주재원 시절 7년간, 그리고 귀국해서도 상당히 오랜 기간 매년 약 300~400통의 크리스마스카드와 연하장에 서너 줄의 인사 내용을 손으로 쓰고, 서명을 해서 보내고는 했다. 힘도 들고 시간도 오래 걸렸지만, 고마워하는 마음을 담아 보내는 것인데 그저 사인 하나 해서 보낼 수는 없는 노릇이었다.

'지난번에 일본에 오셨을 때 자녀분의 선물을 정성껏 고르시던데, 그 자녀분들 건강하게 학교에 잘 다니지요?'

'지난번 오셨을 때 저에게 직장인의 삶의 자세에 대해 귀한 말씀을 해주셔서 마음 깊이 새기고 있습니다.'

'사모님의 화장품을 여러 가지 사 가셨는데, 사모님을 매우 사랑하시는 마음을 읽을 수 있었습니다. 사모님께서도 안녕하시지요?'

이런 내용들을 담아 카드나 연하장을 보내면, 그분들은 다음 기회에 반드시 나를 기억하고 연하장 내용을 이야기하셨다. 그들의 마음을 얻은 것이다.

그냥 만나고, 이야기를 흘려듣고, 그렇게 잊혀 가기에는 너무나 아쉬울 만큼 훌륭한 분들이 많다. 그분들과 그렇게 맺어진 인연들이 나의 직장생활과 사회생활을 하는 데 큰 도움이 되었다. 비즈니스의 기회도 잡을 수 있었고, 지혜로운 조언도 받을 수 있었다. 스쳐 가는 이야기 속에서 알아챈 귀한 정보를 활용할 수도 있었고, IMF 금융 위기 때는 폐업 직전에 큰 도움을 받기도 했다.

사람은 혼자서는 성공할 수 없다. 자기의 실력, 능력보다 소중한 인연들로 만들어진 네트워크력이 더 크게 작용하는 경우가 많았다. 힘들고 어려울 때 도움도 많이 받았다. 소중한 인연들이었다.

꼭 도움을 주고받지 않더라도 마음의 친구로 오래 지속되는 소중한 인연들도 있다. 1981년 일본 오사카에서 상사 주재원으로 만나 3년 이상 함께 지낸 이종무 사장은 지금까지 44년간 만남을 지속하고 있는데, 집사람끼리도 그림 그리는 친구로 계속 만나고 있고, 주재원 당시 2~3살이었던 아들끼리도 고교와 대학 1년 선후배 사이로 친하게 지내는 특별한 인연이 있다.

2025년 5월이면 집사람과 소중한 인연을 잘 지속한 50주년 결혼기념일이 온다. 부모님의 결혼 60주년 축하연을 잘 해드렸는데, 나도 결혼 60주년 축하연을 하도록 함께 소중한 부부의 인연을 이어 갈 수 있다면 얼마나 큰 행복일까.

당신을 만나면 힘이 나요

소중한 인연을 만들고 유지하는 데는 각별한 노력이 필요하다. 그렇게 유지하는 소중한 인연이 행복, 좋은 기회도 가져다준다. 주변 사람들에게 조금 더 관심을 가지고, 배려하며 망설임 없이 연락하는 노력부터 시도해야 한다.

13

다가오는 기회는
반드시 잡아라

삶은 진검승부다. 기회를 포착하려는 노력과 그 기회가 왔을 때 잡을 수 있는 능력을 키워놓는 것이 승부에서 이기는 관건이다. 그리고 진짜 중요한 것은 변화가 심한 지금 새로운 기회가 오고 있다는 것이다.

어느 날 친구 사이인 8명이 모여 점심 식사를 같이했다. 이야기를 나누는 도중에 대우통신에 다니던 친구가 한국통신이 휴대폰 통신 사업을 시작하는데, 중소기업에도 참여 기회를 준다는 이야기를 했다. 대부분의 친구들이 그 이야기를 가볍게 들었고, 화제는 다른 데로 흘러가고 말았다. 다음 날 나는 그 친구를 찾아가 중소기업의 참여 조건 등을 자세히 물어보았다. 중소기업으로서 흑자를 내고 있으며 발전 가능성이 있어야 하는 등 여러 조건이 있었는데, 다행히 우리 회사는 참여 요건에 맞아 20,000주를 주당 6,000원에 배정받았다. 몇 년 후 한국통신 KTF가 상장하고 주가가 계속 상승해 10배 이상의 이익을 실현하고 매

당신을 만나면 힘이 나요

도했다. 좋은 정보를 흘려듣지 않아서 잡았던 기회였다.

서울대학교 경제학과 합격증을 받고, 가장 먼저 생각한 것은 우리나라가 일본의 경제 성장 과정을 배워야 하고, 우리도 그렇게 성장하리라는 예측이었다. 그 생각을 바탕으로 일본어를 배워야겠다고 마음먹었다. 한·일 간에 국교 정상화가 되지 않았던 당시에는 서울 시내에 일본어 학원이 없어서 일본어를 독학하기 시작했다. 미래를 예측하고 꾸준히 독학한 일본어는 나에게 일본 주재, 일본 비즈니스, 일본 기업의 사장으로 취임 등 많은 기회를 가져다주었고, 커리어의 대부분을 차지하는 기간에 일본과의 비즈니스를 하게 만들었다. 기회는 예측하고 준비해야 찾아온다.

무역회사를 창업해 얼마 지나지 않았을 때 해외로부터 큰 주문이 들어왔다. 그런데 그 주문을 수행하기 위해서는 은행과 하청 공장의 협조가 있어야 했는데, 이제 갓 시작한 작은 회사여서 은행도, 공장도 나를 믿어 주지 않았다. 기회는 준비된 자에게 오는 것인데, 아직 기회를 잡을 준비가 덜 되어 있던 바람에 결국 수주를 못 하고 말았다.

무역회사는 그런대로 잘 운영했으나 일본 바이어들의 지저분한 접대 요구, 거래선 담당자들의 무례한 태도 등을 겪으며 도저히 체질에 맞지 않는다고 생각해서, 나는 업종 전환의 새로운 기회를 모색하고 있었다. 일본의 최대 교육 컨설팅 기업 산노를 그때 알게 되었고, 8개월간 매일 팩스를 보내고, 매달 일본으로 찾아가는 정성을 쏟은 결과 내가 원하던 제휴에 성공할 수 있었다(제2장 3. 계란으로 바위 치기 같은 제휴 성공 참조). 기회가 왔을 때 포기하지 않고 온 힘을 쏟아부으며 매달리면 그 기회를 잡을 수 있다는 산 교훈을 그때 얻었다.

교육 컨설팅업을 재미있게 운영하던 1997년 11월, 한국에 외환 위기가 찾아오고 대기업과 중소기업이 줄도산 하면서 우리 회사에도 그 이듬해 5월까지 6개월간 매출 제로의 참담한 시련이 닥쳐왔다. 내가 대우에 사표를 내고 창업한 지 10년이 되던 해에 한국중공업이 민영화되면서 민영화 1기 사장으로 대우그룹 출신 윤영석 사장이 취임했다는 뉴스를 접했다. 전화로 축하 인사를 드렸더니 한번 만나자고 하셨고, 그 후 윤영석 사장의 주선으로 한국중공업의 7,500명 전 사원을 대상으로 하는 의식 전환 교육을 수주해 가뭄에 단비를 맞게 되었다. 그 교육을 성공적으로 마무리한 여파로 여러 공기업에서의 교육 요청이 쇄도해 IMF 금융 위기 상황에서도 3년 정도 호황을 누리며 정신없이 바쁘게 일했다.

누구는 회사를 그만두고 나면 그 회사 쪽으로는 소변도 보지 않는다고 하지만, 나는 사표를 내고도 꾸준히 대우에 근무하던 상사나 동료들에게 인사도 하고, 관계를 이어가며 내가 하는 일을 알린 결과로 그런 기회를 잡을 수 있었다.

부동산 투자에서도 몇 번의 성공을 거두었다. 그때는 기회가 왔을 때 타이밍을 놓치지 않았기 때문이었다. 하지만 몇 번의 실패도 있었는데, 그것은 순전히 과욕 때문에 큰 기회를 손에 쥐었다가 놓친 경우였다.

지금도 우리에게는 새로운 기회가 찾아오고 또 스쳐 지나간다. 기회가 온 줄도 모르는 사람, 기회가 왔는데 준비가 되지 않아 잡지 못하는

당신을 만나면 힘이 나요

사람들이 많다. '기회는 준비된 자만 잡을 수 있다'라는 말을 명심해 평소에 준비해서 반드시 오는 기회를 잡아보자.

제 4 장

당신을 만나면
힘이 나요

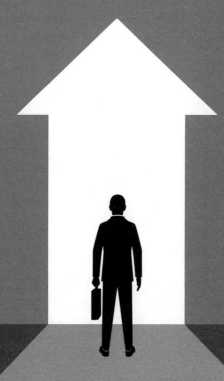

선택의 기로에서 당황할 때 지혜로운 가르침을 준 사람, 걱정과 고민이 생겼을 때 나의 속마음을 다 털어놓는 사람, 그저 함께만 있어도 힘이 나는 사람, 그 사람처럼 되고 싶다는 생각이 들게 한 사람, 그런 사람을 만나면 힘이 난다.

1

사는 일은
마음을 얻는 일

'부부는 가족이 된 남'이라는 표현을 인기 드라마 〈굿 파트너〉에서 들었다. 부부라는 인간관계를 함축적이고 멋있게 표현한 말이다. 사회생활의 모든 인간관계가 그렇듯 마음을 주면 동료가 되고, 부부도 되었다가 마음을 잃으면 남이 된다.

존경하는 친구 이한성 교수의 시집 《도시락(道詩樂)》*의 시구가 생각난다.

---

* 이한성, 《도시락》, 지식공감, 2022 인용.

사는 일

사는 일은 마음을 얻는 일이다.
비가 오면 비의 마음을 얻고
바람이 불면 바람의 마음을 얻는 일이다.
외로운 날에는 山의 마음을 얻는 일이다.
낙엽 지는 날에는 가을 마음을 얻고
눈 오는 아침에는 겨울 마음을 얻는 일이다.
살아가는 길에서
사랑하는 이의 마음을 얻는 일이다.
너의 마음을 얻는 일이다.

인간관계를 잘하는 사람은 상대방에게 진실된 마음을 주어 상대방의 마음을 얻는 사람이다. 직장에서 인정받는 훌륭한 리더의 덕목 역시 직원들을 배려해 마음을 얻는 것을 으뜸으로 꼽을 수 있다. 지장(智將)보다 덕장(德將)이 더 큰 조직의 힘을 발휘하게 한다. 루스벨트(Franklin Roosevelt) 대통령은 하반신 마비로 휠체어를 타고 다녔고 남 앞에 자주 나서지는 않았지만, 훌륭한 참모진을 인간적으로 잘 이끌어 오늘날 미국을 최강의 국가로 만드는 데 가장 기여한 대통령으로 존경받고 있다.

부부는 살면서 가장 많은 접촉을 하는 관계이기 때문에 부부로 오래 살다 보면 가장 힘이 되는 사람도 배우자이지만, 가장 힘들게 하는 사람도 배우자이기 마련이다. 신뢰를 바탕으로 서로 배려해가면서 마음을 주고받아야 오래 해로할 수 있다.

당신을 만나면 힘이 나요

최근에 큰 인기를 끈 TV 드라마 〈굿 파트너〉는 대형 로펌의 이혼팀에서 다룬 사례들이었는데, 여러 사례가 배우자의 외도에서 오는 가정 파탄을 다루고 있었다. 부부 관계가 파탄 나서 이혼 단계에 이르러서야 자기 행동을 반성하고 후회하는 내용들이 많았다. 남으로 만나 데이트할 때는 예의 바르게 상대방을 배려하며 만났는데, 가족이 되면서 어느새 남이라는 것을 잊고 자기 기준으로 자기중심적인 행동을 하면서 불행의 싹이 커지는 것이다. 나와 같지 않은 남이니까 나와 다르다는 것을 인정하고, 더 참고 더 배려하면 이혼에 이르지도 않고, 자녀들에게 큰 상처를 주는 일도 없을 것이다.

나에게 상담을 신청한 중년 부인이 거두절미하고 대뜸 말했다.

"선생님, 저는 남편과의 관계가 아주 힘들어서 도저히 더 이상 참을 수가 없어요. 그래서 이혼을 하려고 해요."

"뭐가 그렇게 힘드신가요?"

"그 인간이 하는 말, 행동 모두 싫어요. 정말 싫어요."

"그래요? 그렇게 싫은 사람과 어떻게 결혼하셨어요?"

"처음에는 그렇지 않았는데, 살다 보니 그 인간이 변했어요. 변해도 너무 변했어요."

"남편의 어떤 점이 그렇게 싫은지 설명해주시겠습니까?"

"남편이란 인간이 회사에서 집에 돌아오면 저하고 눈도 마주치지 않고 쌩하니 자기 방으로 들어가버립니다. 식사를 준비해두어도 먹지도 않아요. 대화도 없어요. 돈만 가져다주면 되는 게 아니지 않아요? 도저히 같이 살 수가 없어요."

"남편이 귀가하면 부인께서 인사는 하나요?"

"그 인간이 굳은 표정으로 들어오는데, 제가 어떻게 인사를 해요? 인사를 해도 받아주지도 않을 거예요."

"그러면 부부 사이에 대화가 거의 없겠네요?"

"예, 거의 없어요. 자기 방으로 쏙 들어가서 나오지도 않아요. 각방을 써요."

"그래요? 정말 힘드시겠네요. 그런 남편이라면 자녀들도 아버지를 싫어하고, 친구들과 직장 동료들과의 관계에도 문제가 많겠네요. 그런가요?"

"아니요. 그 인간이 저한테만 그렇고… 아이들에게도 잘하고, 친구들도 많아요. 그러니까 친구들과 자주 술을 마시고 늦게 들어오지요."

"남들에게는 잘하는데, 왜 부인에게만 그럴까요?"

"…."

"외도를 하는 것 같나요?"

"아직 그렇지는 않은 것 같은데… 잘 모르겠어요."

이렇게 마음이 멀어지면, 부부는 어느 날 자기에게 살갑게 마음을 주는 누구를 만나게 되고, 결국 외도를 해서 이혼을 하게 되기 쉽다.

싫어하고 좋아하는 것은 자신의 주관적 평가에 의한 경우가 많다. 부인이 보는 남편과 주위 사람이 보는 남편은 분명 동일 인물인데, 부인은 왜 남편을 달리 보고 싫어하게 되었을까? 연애할 때는 그렇지 않았는데, 왜 변했을까?

상대방이 싫어지는 것은 자신의 오해나 편견 때문인 경우가 많다. 자신의 고정관념, 편견, 그리고 자신만이 옳다는 생각을 조금만 바꾸면 그때는 상대방이 달리 보이고 오해가 해결될 수 있다.

남편이 그렇게 행동하는 이유를 알려고 노력하고, 남편을 다른 시각으로 보기 시작하면 그가 달리 보일 것이다.

"부인, 우선 남편과 대화의 물꼬부터 터야 합니다. 오늘부터는 퇴근해 귀가한 남편에게 부인께서 먼저 가볍게 인사하는 작은 변화로부터 시작해보십시다."

"싫어요. 그 인간이 성난 얼굴로 들어오는데, 왜 제가 먼저 인사를 해요?"

관계 개선의 가장 좋은 방법은 자기가 먼저 변하고 자기가 먼저 손내미는 것인데, 그런 쉬운 진리를 사람들이 안타깝게도 잘하지 못한다.

"그런 작은 노력도 하기 싫으시면 이혼하셔야지요. 저도 다른 방법이 없을 것 같아요."

그래도 속마음으로는 이혼하기보다는 관계 개선을 바랐는지, 부인이 마지못해 나의 권유를 따르겠다고 했다. 일주일 후에 나를 찾아온 그 부인은 이렇게 말했다.

"선생님이 일러주신 말씀대로 제가 인사를 시작하자 남편의 얼굴이 조금씩 펴지기 시작하더니, 요즈음은 차려 놓은 밥도 먹어요."
"그러면 지금부터는 저녁 식사 후 동네 산책을 함께 나가자고 해보세요. 산책하러 나가면 살짝 남편의 손을 잡아 보시지요."

손을 잡고 산책하다 보면 당연히 여러 가지 대화가 시작된다. 대화를 시작하면 남편의 마음이 보이게 된다.

세 번 정도 상담을 마친 그 부인이 두 달 후 남편과 여행을 떠난다며 좋아했다. 남편이 달리 보이기 시작했다는 것이다. 남편이 새삼 믿음직해 보인다고 했다. 남편의 사랑 넘치는 말투, 그리고 활발하고 활달한 사회생활 모습 모두 좋아 보인다고 했다.

"선생님, 감사합니다. 선생님의 말씀을 따랐더니 남편이 변했어요. 덕분에 우리 가정의 위기를 넘기게 되었습니다. 가끔 연락드리겠습니다. 선생님의 지도가 큰 힘이 되었습니다. 감사합니다."

사실은 남편이 변한 것이 아니라 부인이 남편을 바라보는 시각과 태도를 바꾼 것이다. 부인이 따뜻한 마음을 주고, 남편의 마음을 다시 얻은 것이다. 인간관계가 그렇다. 먼저 마음을 주고 그래서 마음을 얻으면 되는 것이다.

당신을 만나면 힘이 나요

2

거울은 절대로
먼저 웃지 않는다

거울은 정직하다. 내가 어떤 표정으로 거울에 다가가느냐에 따라 거울 속의 나도 똑같은 표정으로 다가온다. 웃는 얼굴, 밝은 표정은 상대방에게 힘을 준다. 나를 만나면서 "무슨 좋은 일 있으세요?"라고 밝게 인사를 해오는 사람이 좋다. 내가 그렇게 비쳤다는 거니까. 밝은 모습으로 나에게 다가오는 사람이 나도 좋다.

길 가다가 어린 아기를 보고 손을 흔들며 웃는 얼굴로 다가가면, 아기도 방긋방긋 웃는 얼굴로 답한다. 그 어린아이가 나와 친해서 그렇게 웃는 표정을 짓는 것이 아니라, 내가 아이에게 순수하고 사랑이 가득한 표정으로 다가갔기 때문에 어린아이가 본능적으로 나의 마음을 알아채고 그렇게 화답하는 것이다. 어린아이의 표정은 다가가는 나의 표정이다. 인간관계의 기본은 내가 먼저 어떻게 다가가느냐에 달려 있다.

한국중공업 합천 연수원에서 현장 반장들에게 인간관계 개선에 관한 강의를 하는 중에 가족들과 사랑의 대화를 나누는 것이 중요하다는 이야기를 했다.

"선생님 말씀은 잘 알겠지만, 하루에 8시간씩 돌아가며 교대 근무를 하다 보니 출퇴근 시간이 일주일마다 바뀝니다. 그래서 가족들이 자고 있을 때 출근하기도 하고, 아이들이 학교에서 오는 시간에 야간 근무를 마치고 돌아와 잘 때도 많아요. 가족과 사랑의 대화를 하기가 어렵습니다. 그리고 경상도 남자들은 무뚝뚝해서 아내에게 다정스럽게 다가가지 못하기도 해요."

내가 말하는 취지를 이해하면서도, 현실적으로 가족들과 사랑의 대화를 나누기가 어렵다는 이야기들이 줄줄이 터져 나왔다.

"그런 것은 핑계에 지나지 않아요. '고마워요. 사랑해요' 등 간단한 말 한마디가 때로는 긴 대화보다 더 효과적일 수 있어요. 무엇보다도 여러분들은 표정이 굳어져 있어요. 거울에 비친 여러분 표정을 한번 보세요. 대부분 과묵한 표정, 화난 듯한 표정이라는 것을 알 수 있을 겁니다. 그런 표정으로 부인들과 자녀들을 대하면 부인들과 자녀들이 어떤 마음으로 여러분을 대할까요? 여러분의 표정을 바꾸려면 당장 거울을 보며 웃는 얼굴을 만드는 연습을 꾸준히 하시는 게 좋겠습니다. 또 거울을 보며 고생하는 부인들에게 진심으로 '사랑한다. 예쁘다. 고맙다. 고생한다'라는 말을 연습해보시길 바랍니다."

"선생님, 어떻게 집사람에게 사랑한다고, 예쁘다고 자주 말합니까? 나는 그런 말을 해본 기억이 별로 없습니다."

"그래요? 그럼 이제부터라도 여러분이 표정, 말 한마디를 바꾸면 가정의 분위기가 어떻게 확 달라지는지 확인해봅시다. 다음 휴식 시간에는 모두 집에 전화해서 부인에게 '사랑한다. 고맙다'라는 말을 해보시고, 그때 부인들이 어떻게 반응하는지 이야기해봅시다."

"낯 간지러버서 우예 마누라한테 그런 말을 하겠노?"라고 어느 수강자가 이야기하는 바람에 강의실에 웃음이 터지며 왁자지껄해졌다.

아무튼 휴식 시간이 끝나고 강의가 다시 시작되었을 때, 공중전화로 부인과 통화를 하던 중에 발생한 이 반장의 에피소드가 압권이었다. 당시에는 휴대전화가 없던 시절이라 몇 명이 줄을 서서 기다리는데, 이 반장의 전화 소리가 뒤에도 들렸다.

"여보, 사랑해요. 그리고 고마워요."
"갑자기 왜 그래요? 회사에서 무슨 일 있었어요?"
"아니, 아니, 그게 아니고… 강사님이 강의 시간에 부인에게 '사랑한다. 고맙다'라는 말을 자주 하라고 하시고, 쉬는 시간에 전화해서 그 마음을 전해보라고 해서 전화했어요. 선생님의 말씀을 들으면서 느낀 점이 많았어요. 여보, 정말로 사랑해요."
"여보, 정말이에요?"

그런데 전화를 받던 부인이 갑자기 울기 시작했다는 것이었다.

"정말로 사랑해요. 울지 말아요."

그래도 부인이 계속 울자, "울지 마, 울지 마" 하며 부인을 달래는 바람에 주위에 있던 다른 반장들이 배를 움켜쥐고 웃었다는 것이었다. 연수가 끝날 때까지 동료들이 이 반장을 '울지 마 반장'이라고 놀려 댔던 생각이 난다.

어느 반장이 손을 들고 질문을 했다.

"3교대 직업을 하는 특성상 새벽에 나올 때 아들이 자고 있고, 아들이나 자녀들이 귀가할 때 아버지가 자는 경우가 흔합니다. 그래서 아들과 정다운 이야기를 나눌 시간이 없습니다. 어떻게 하면 될까요?"

"곤히 잠든 너의 사랑스러운 모습을 보며, 아버지는 오늘도 힘을 내어 출근한다. 자주 이야기를 나누지는 못해도 나는 아들을 믿고 사랑한단다. 오늘도 우리 아들 열심히 공부해라. 아버지도 열심히 일할게.' 또는 짧게 '사랑하는 아들, 오늘도 화이팅!'이라고 쓴 간단한 메모만 가끔 자녀의 머리맡에 남겨 두어도 아버지의 사랑하는 마음과 진심이 전달될 것입니다. 그렇게 자녀들에게 먼저 다가가는 노력을 해보시면 반드시 좋은 반응이 올 것입니다."

고문을 맡고 있던 회사의 김 대리가 어느 날 나에게 상담을 요청해왔다.

"고문님, 다름이 아니고…. 남편과 저는 지금 시집에서 시부모님과 함께 살고 있습니다. 그런데 평소에 시어머니께서 저를 힘들게 하세요. 어제도 시어머니와 약간의 의견 충돌이 있었습니다. 그런데 그 내용을 듣고 있던 남편이 어머니 말씀이 부당하다며 제 편을 들었어요. 그 때

당신을 만나면 힘이 나요

문에 속이 상하셨는지, 오늘 아침에 출근할 때 '이제부터 두 사람은 분가해서 따로 살아라'라고 하시면서, '오늘부터 호텔에서 자든지 알아서 하고, 집에는 들어오지 말아라'라고 하셨어요. 이 문제를 어떻게 하면 좋겠습니까?"

"부모님과 함께 살다 보면 서로 불편한 점이 당연히 많아요. 부부도 다툼이 많은데, 세대 차이가 있는 부모님과는 삶의 철학도, 건강 상태도 다르고, 생활 리듬도, 부모 자식 간의 관계에 관해서도 생각이 아주 다르답니다. 남편이야 김 대리의 이야기가 맞는다고 편을 들었겠지만, 그 순간 시어머니께서는 고생해서 자식 키워 놓았더니 이제 자기 마누라 편만 든다고 더욱 화가 치밀어 올랐을 것입니다. 성인 자녀가 결혼하면 부모님과 따로 사는 것이 가장 바람직하지만, 함께 살 수밖에 없는 사정이 있는 경우에는 각별히 신경을 써야 합니다."

"당장 집을 구해서 나갈 돈도 없고, 준비도 되어 있지 않아요. 그러니 당장 오늘 저녁에는 어떻게 하면 좋을까요?"

"거울은 먼저 웃지 않는다는 말이 있어요. 먼저 부부가 함께 웃는 얼굴로 집에 들어가세요. 들어가실 때 부모님이 좋아하시는 음식이나 과일 등 선물을 준비해서 가시고, 무조건 잘못했다고 용서를 비는 것이 좋아요. 시어머니와 옳고 그름을 조용히 이야기할 수 있는 기회는 나중에라도 얼마든지 있어요. 지금처럼 화가 나셨을 때는 이성적인 대화가 불가능합니다. 그리고 시어머니께서 '나가 살아라, 들어오지 말아라'라고 한 것은 진짜 나가라는 말이 아니고, 그 정도로 화가 났다는 것이지요."

부모님이 왜 화를 내는지는 생각하지도 않고, 자기들 불편한 이야기만 했을 것이 틀림없다. 더구나 부부가 함께 직장생활을 하니 가사는 자연히 어머니 몫으로 돌아갔을 텐데, 나이 드신 어머니가 가사 돌보는 것이 얼마나 힘든지 조금만 이해하고 고분고분 사근사근 부모님을 대했으면 좋았을 텐데, 그렇게 하지 않았을 것이다.

다음 날 전화가 왔다.

"고문님의 말씀대로 어머니가 좋아하시는 굴비와 과일을 사 들고 남편과 함께 집에 들어가며 무조건 잘못했다고 했어요. 그랬더니 어머니 얼굴이 펴지고⋯ 화기애애하게 저녁 식사를 함께할 수 있었어요. 거울은 먼저 웃지 않는다는 그 말씀을 오래도록 새기며 살아가겠습니다. 감사합니다."

내가 먼저 웃는 얼굴로 다가가면 대부분의 인간관계는 잘 풀린다. 평소 웃는 얼굴을 하려면 마음이 긍정적이고 밝아야 한다. 내가 먼저 거울을 보며 웃는 표정을 자주 연습하면, 거울 속의 내 얼굴이 바뀌고 따라서 내 마음도 바뀐다.

당신을 만나면 힘이 나요

3
—

곁에 있어만 주어도
힘이 되는 사람

어두운 밤길에 어린아이의 손만 잡고 걸어도 의지가 되고, 두려움이 줄어드는 인간의 심리는 논리적으로 설명하기 어렵다. 어디 밤길뿐이겠는가? 인생길이 그렇다. 누가 내 곁에 있다는 것만으로도, 내 이야기를 들어주는 사람이 있다는 것만으로도 위안이 되고, 외로움을 덜고, 힘을 얻게 되는 것이다.

오랫동안 부인의 병 수발에 힘들어했던 친구가 정작 부인이 저세상으로 가고 나니 외로워서 너무 힘들다고 했다. 지금은 아무도 없이 불이 꺼져 캄캄한 집에 혼자 들어가기가 너무 싫고, 비록 병들어 있었지만 살아 있다는 존재 그 자체로 자기에게 힘이 되었다는 것을 아내가 가고 나니 절실히 느낀다고 했다.

큰아들이 초등학교 6학년이고 작은아들이 2학년일 때, 우리 가족은 일본에서의 7년 생활을 마치고 귀국했다. 두 아들 모두 우리말이 서툴러 학교에 가면 학습도 따라가기 힘들고 친구들과 잘 어울리지도 못해, 집에 오면 자주 짜증을 부렸다. 그때 치와와 종류의 작은 강아지 한 마리를 데려와서 '미미'라는 이름을 지어 주고, 아이들에게 같이 지내게 했다. 미미는 금방 두 아들의 친구가 되었고, 아들들은 빠르게 마음의 안정을 찾아가기 시작했다. 비록 동물이지만 마음을 주고받을 강아지 한 마리가 곁에 있는 것만으로도 큰 위안이 되었던 것이다.

우리가 어릴 때 어머니가 곁에 있으면 힘이 되었는데, 반대로 연세가 드시면서는 어머니께서 "큰아들이 내 곁에 있어서 든든하다"라고 자주 말씀하셨다. 부모님을 찾아뵙지는 못해도 자주 전화를 하는 것만으로도 우리 아들이, 우리 딸이 내 곁에 있다는 마음이 들게 해서 그것만으로도 큰 위안과 행복을 선사하는 것이다.

졸병으로 군대생활을 하던 당시의 일이다. 휴대폰도 없고, 전화도 없어서 주로 편지로 연락을 취하던 그 시절에 아버지께서는 편지를 보내실 때마다 1년에 한 달 받는 나의 휴가 날짜를 계속 묻곤 하셨다. 휴가를 나왔더니 약혼식이 준비되어 있었다. 입대 바로 전에 만난 지금의 아내와는 집안 이야기도 해보지도 않은 상태였는데, 엉겁결에 약혼식에 참석했더니 자신의 두 형부들을 소개하면서 두 분 다 경복고등학교 선배라고 했다. 마침내 고등학교 친구 2명도 그 자리에 참석해서 5명의 고교 동문이 모이는 진기한 자리가 되었다. 즐겁게 식사가 진행되는 도중에 제일 선배 되시는 큰동서께서 약혼식 축가로 경복고등학교 교가를 제창하자는 제의를 하셔서 5명이 일어서서 힘차게 경복고등학교 교

당신을 만나면 힘이 나요

가를 제창했다. 그 두 선배 동서들은 마침 대학교도 동문이어서 그 이후로도 살아오는 동안 막내인 나를 잘 보살펴 주셨고, 그 두 분이 든든하게 곁을 지켜주시는 것만으로도 나에게는 큰 힘이 되었다. 내가 힘들 때 도움을 아끼지 않으신 두 형님께 항상 감사한 마음으로 살았다.

낙향해 시골집에서 혼자 사는 친구가 나와 통화할 때면 늘 하는 말이 있다.

"부인에게 잘해라. 나처럼 노후에 외롭게 되지 마라. 혼자 되어 보니 잔소리해서 싫었던 집사람이 얼마나 큰 힘이었는지 비로소 알겠더라."

추석 연휴에 그 친구에게 전화했다. 그 친구의 첫 말이 "전화해주어서 고맙다"였다. 추석에 촌에서 혼자 지내다 보니 외롭고 적적했단다. 고작 동무가 되어주는 존재는 집 천장 위에서 와르르 몰려왔다 몰려가는 쥐들과 가끔 방 안까지 들어오는 지네뿐이라고 너스레를 떨면서. 자기에게 전화해주는 친구가 있다는 것이 큰 위로가 되고 위안이 된다고 했다.

곁에 있으면서 힘이 되어주는 것은 그다지 어려운 일이 아니다.
첫째는 자주 연락하며 쉽게 만날 수 있고, 서로의 이야기를 잘 들어주어 힘들 때 속마음을 털어놓을 수 있는 사람이 되면 되는 것이다.
둘째는 밝고 따스한 얼굴로 맞아주고, 희망적인 이야기를 나누거나 긍정적인 에너지를 주고받을 수 있으면 되는 것이다.
셋째는 자신이 가진 힘과 지혜를 조금만 나누어 주어도 된다.

누군가에게 곁에만 있어도 힘을 주는 사람이 되려고 노력하자. 내가 어려울 때 그 사람이 나에게 힘이 될 수도 있다.

4

'고마워요, 믿어요'라는
그 말 한마디

오랫동안 병고를 겪으시던 동서 형님이 아침에 물 한잔을 마시다가 힘없이 물잔을 떨어뜨리셨다. 그러고는 처형의 머리를 쓰다듬으면서, "여보, 그동안 고생 많았어요. 고마웠어요"라는 말 한마디를 남기고 바로 눈을 감으셨다. 마치 명화의 엔딩 장면같이 가슴 뭉클한 감동을 주는 그 말 한마디는 오랫동안 간병으로 힘들었던 처형에게 준 선물이었다.

어머니의 칠순 생신을 맞아 가족들이 모두 모여 축하연을 열었다. 한참 분위기가 무르익는 그때 작은아들이 어머니에게 다가가서 귀엣말로 뭐라 뭐라고 했는데, 어머니의 얼굴이 활짝 폈다. 나는 궁금해 물었다.

"어머니, 쟤가 무슨 말을 했길래 그렇게 좋아하세요?"
"글쎄 저 녀석이 '할머니는 좋으시겠어요. 저런 아들을 두셔서. 그리고 할머니 고마워요. 저런 아버지를 저에게 주셔서'라고 하더라."

우리 작은아들의 그 말이 그날 차린 진수성찬보다 어머니를 더 기쁘게 해드렸고, 어머니께서는 두고두고 그 이야기를 하셨다.

군에 입대하기 45일 전에 지금의 아내를 만났다. 그 당시 아내는 대학교 4학년생이었고, 나는 졸업을 해서 군 입대를 앞두고 있었다. 짧은 기간의 만남이었고, 입대한 후에는 주로 편지로 연락을 주고받았다. 당시에는 휴대전화도 없었고, 휴가도 1년에 한 번뿐이었다. 내가 첫 휴가를 나왔을 때, 아내는 중학교의 교사로 임용되어 있었다. 당시 여학생들은 대학을 졸업하면 바로 결혼하던 시절이어서 아내도 결혼을 생각하는 나이가 되다 보니, 자연스럽게 나에게 장래에 대해 진지하게 타진해왔다.

당시 사병은 약 3년이 복무 기간이어서 아직 2년 더 졸병 생활을 해야 하고, 제대하더라도 경제적인 사정으로 곧바로 결혼할 입장이 아니어서 연극이나 영화에 나오는 대사처럼 "사랑하지만 결혼할 수는 없다"라는 식의 신파조로 솔직한 심정을 밝혔다.

"나는 증조할머니, 할머니, 그리고 어머니, 아버지와 3명의 동생이 작은 아파트에서 함께 살고 있어요. 좁은 집에서 시부모님만을 모시는 것도 힘들 텐데, 시할머니와 시증조할머니까지 3대를 모신다는 것은 너무 가혹해요. 나와 결혼하는 것은 곱게 자란 처녀가 고생의 구렁텅이로 빠져드는 것이나 다름없어요."

내 말을 가만히 듣고 있던 아내가 단호한 어조로 말했다.

"당신이 나를 사랑한다면 그것으로 충분해요. 나는 당신을 믿어요. 나는 당신의 오늘보다는 당신과 이루어 나갈 미래에 확신이 있어요. 우리는 젊으니 어떤 난관도 함께 극복해 나갈 수 있어요. 초기 고생은 얼마든지 감내하겠어요."

고생을 각오하고, 나를 믿고 따르겠다는 확고한 그 말 한마디가 너무도 고마웠다. 그 말 한마디에 용기가 났고, 결혼을 결심할 수 있었다.

7년간의 일본 주재원 생활을 마치고 돌아온 지 3년도 되지 않았을 때, 내가 반대했던 일본 프로젝트의 책임자로 또다시 일본에 주재하라는 발령이 나자 "이제 회사에 사표를 내야겠어요. 준비는 아무것도 하지 않은 상태이지만, 일단 창업해보겠어요"라고 아내에게 상황과 심정을 이야기했다. 보통의 부인들 같았으면 남편이 잘 나가던 직장을 그만둔다고 하면 걱정하며 말릴 텐데 아내는 "그렇게 하세요. 저는 당신을 믿어요. 한번 해보세요"라며 그 자리에서 '오케이'를 하는 것이었다. '당신을 믿어요'라는 그 말 한마디가 또다시 나에게 큰 힘이 되었다. 그래서 바로 아버지를 찾아뵙고 자초지종을 말씀드리며 창업하겠다고 하니, 아버지께서도 "나는 우리 아들을 믿는다. 성공할 수 있을 것이다"라고 격려해주셨다. 아내와 아버지의 '믿는다'라는 그때 그 격려의 말 한마디에 창업하기로 마음을 굳혔고, 내 인생을 성공적으로 바꾸는 계기가 되었다.

'당신을 믿어요'라는 말 한마디는 상대방에 대한 신뢰의 표시이고, 지지해주겠다는 의사표시이기 때문에 그 말을 들은 상대방은 자신감이 생기고 더 노력하게 된다. 그런 지지자가 곁에 있다는 것은 천군만마의 지원을 받는 것과 같다.

　"고마워요"라는 감사의 마음 표현과 "믿어요"라는 신뢰와 격려를 전하는 짧은 말 한마디는 상대방과 나 자신을 동시에 치유하고, 성장시키는 강한 힘을 가진 언어다. 듣는 상대방과 나의 삶에 행복과 성장을 가져온다.

당신을 만나면 힘이 나요

5

정신과 치료를 받던
김 부장의 새로운 선택

*"회사가 잘되는 것이 저에게는 오히려 악몽이 되고 있습니다. 신경
정신과 치료도 받고 있는데, 요즈음 너무 힘들어서 죽고 싶어요. 선생
님, 도와주세요."*

많은 직장인이 이렇듯 마음고생하며 속으로 울고 있다.

"우리 회사의 간부들이 매너리즘에 빠져 문제가 많습니다. 회사가
조금 성장하니, 간부들이 열심히 일하지 않고 직원들을 관리하는 데도
문제가 많아 사원들이 사표를 쓰고 나가는 일이 다반사입니다. 심지어
1년에 직원의 25% 정도가 사표를 내다 보니 또 새로운 직원들을 보충
하는 악순환이 계속되는 심각한 상황입니다. 간부들을 대상으로 연수
를 실시해 그들의 정신 상태를 바로잡도록 도와주시길 바랍니다."

코스닥에 상장한 전자제품 제조 기업의 대표이사 윤 사장이 나에게

요청을 해왔다.

연수를 진행하면서 그룹별 테마 토론을 시작하자 다양한 문제점, 불만, 개선을 희망하는 사항들이 줄줄이 나왔다. 특히 사장의 매니지먼트 자세가 심각할 정도로 많이 이야기되었다.

연수를 마치고 사장과 연수 결과에 관한 이야기를 나누면서, "사장님께서 간부들을 대하는 태도를 조금 바꾸는 게 좋겠습니다"라고 건의했더니 직원들의 정신 상태를 바꾸라고 연수 의뢰를 했는데, 자기를 바꾸라고 한다며 버럭 화를 냈다. 그 회사의 가장 큰 문제는 사장에게 있었다는 것을 재확인했다.

연수 후 수강자였던 개발 부서 김 부장이 상담을 요청해왔다.

"원장님, 이번 워크숍과 강연이 아주 좋았습니다. 많은 직원이 정말 오랜만에 마음에 쌓여 있던 불만을 토해내고, 회사의 발전 방향도 함께 토의하는 좋은 시간이었습니다. 그런데 원장님, 회사가 발전하면 그 안에서 근무하는 직원들의 행복이 정비례해 올라가는 것이 아닌 것 같습니다. 회사가 잘되는 것이 저에게는 오히려 악몽이 되고 있거든요."

"그럴 수도 있지요."

"저는 사장님을 도와 회사를 일으킨 창업 멤버입니다. 정말로 열심히 일했고… 드디어 코스닥에 상장도 했지요. 그런데 회사가 잘되면서 우수한 직원들이 들어오기 시작했습니다. 저의 부서에도 해외 유학을 마친 우수한 과장과 명문대 출신 대리가 각각 입사했습니다. 처음에는 저도 좋아했고… 이대로 회사가 발전하면 곧 중역으로 진급할 것이라고 믿었지요. 그런데 사장님이 점차 학력이 높은 제 부하들을 더 신임하는 태도를 보이기 시작하고, 회의할 때도 주로 그들에게 의견을 묻는 경우가 많아졌습니다. 제가 뭐라고 의견을 내면 핀잔을 주기도 하면서… 그러다 보니 부하들마저 점차 저를 무시하기 시작했습니다. 제가 회사를 키운 일등 공신인데, 이제 제가 필요 없어졌다는 분위기를 느끼면서… 울화가 치밀고, 점점 식욕이 떨어지고, 체중도 줄고, 심한 불면증에 시달리기 시작했습니다. 회사에는 비밀로 하고 있지만… 정신과 치료도 받고 있어요."

김 부장은 토사구팽 당하는 것과 같은 자신의 억울함을 계속 쏟아내기 시작했다.

"김 부장, 정말 분하고 억울하겠군요."
"예, 미칠 지경입니다. 이대로 가다가는 죽을 것 같아요."

창업 공신에 대한 사장의 태도도 문제였지만, 많은 직장인이 주어진 회사 일에만 열심히 최선을 다하면서 자기 계발을 소홀히 하면 일어나기 쉬운 사례이기도 하다. 자기 계발은 자기 책임이라는 것을 명심해야 하는데, 안타까운 일이다.

김 부장에게 지금 당장 필요한 것은 정신 건강의 회복이었다. 현 상태대로 계속 회사생활을 하다가는 그의 마음이 크게 피폐해질 것 같다는 생각이 들었다.

김 부장과의 상담을 진행하면서, 인생을 길게 보았을 때 이 시점에서 가장 중요한 것은 무엇인지, 지금 이 회사를 계속 다니면 어떻게 될지,

이 회사를 그만두고 이직하면 어떤 문제가 생기는지, 또 어떤 기회가 올 수 있는지 이야기를 나누었다.

"김 부장, 지금의 극심한 스트레스로 불면증이 지속되면 위장병 등 많은 증상이 나타나고, 심지어 암으로 발전할 수도 있어요. 억울하겠지만 생각을 조금만 바꾸어서 김 부장을 필요로 하는 회사를 찾아 새출발을 해보세요. 수입은 줄어들지 몰라도 삶의 질은 지금보다 좋아질 겁니다. 부인과도 진지하게 이야기를 나누어 보시면 좋겠어요."

상담을 마치고 얼마 후 김 부장에게서 전화가 왔다. 목소리가 한결 밝아졌음을 대번에 느꼈다.

"원장님, 지난번에 상담해주셔서 감사했습니다. 원장님과 상담한 후 길게 남은 제 인생과 가족을 위해 지금 최선의 선택은 무엇일까에 대해 많은 생각을 했습니다. 결론적으로 지금의 회사를 떠나기로 했습니다. 집사람도 자기 일을 찾기로 하는 등 적극적으로 협조해주고 있어요. 당장에는 수입이 좀 줄어들어 힘들어질 수도 있지만, 건강을 돈으로 바꿀 수는 없지 않겠어요? 그렇게 마음을 바꾸니 요즈음은 잠도 잘 자기 시작했습니다."
"좋은 선택을 하셨네요. 새로운 기회가 찾아올 것입니다."

새출발하며 힘을 내는 김 부장에게 박수를 보낸다.

누구나 힘들고 어려운 일을 많이 마주하게 된다. 그때 그 환경 속에

당신을 만나면 힘이 나요

서만 해결책을 찾으려고 발버둥 치면 답이 나오지 않는 경우가 많다. 힘들어하는 자기감정에 함몰되어 객관적으로, 또 이성적으로 판단하기가 어렵기 때문이다. 과감하게 환경을 바꾸어 보는 것도 해결의 좋은 방법이다.

6

당신을 만난 것이
내 인생 최대의 행운

당신은 누구를 만난 것이 인생에서 가장 큰 행운이었는가? 또 누군가로부터 "당신을 만난 것이 내 인생 최대의 행운입니다"라는 말을 들어 보았는가?

우리는 살아오면서 우리에게 힘과 용기를 주는 사람을 만나 그들의 도움으로 성장해왔고, 우리 역시 남에게 도움을 주기도 했다.

힘들고 어려울 때 함께해준 훌륭하고 존경스러운 지인들과 친구들,
헌신과 희생으로 나를 지지해주신 어머니와 가족 친지들,
50년간 파란만장한 삶의 희로애락을 함께해준 사랑하는 아내,
부모처럼 나를 이끌어 주신 오세현, 김동진 두 동서 형님,
이 책을 쓰는 데 어드바이스를 해준 李로운 작가.

이런 많은 분을 만난 것은 내 인생의 최대의 행운이다.

유튜브 고도달TV에 출연한 인연으로 알게 되었고, 그 후 여러 번 만나면서 인생의 아픔, 고난 극복, 그리고 은퇴 후 삶의 설계, 시니어들의 도전 등 많은 주제를 두고 이야기를 나누었던 김 국장이 어느 날에는 자기 어머니께서 헌신적으로 살아오신 이야기를 털어놓으며 눈물을 흘렸다. 효심 가득한 그 이야기를 들으며 나 역시 우리 어머니가 베풀어 주신 은혜를 생각하며 감동을 받았다. 김 국장이나 내가 그런 어머니를 만난 것은 우리 인생 최대의 행운이었다.

서울대학교에 합격은 했는데 집안이 가난해 등록금 마련이 막막했던 나에게 친구 이명원의 어머니께서 힘내라고 격려하시더니 며칠 만에 과외 지도 자리를 주선해주셨다. 그렇게 대학 등록을 마련하도록 도와주신 그 은혜를 두고두고 잊을 수가 없다.

회사를 차리고 은행과 금융거래를 할 때 은행에서 보증인을 세우라고 했는데, 마땅히 부탁할 사람이 없어서 쩔쩔매고 있을 때, 부모 형제도 잘 안 서는 보증을 기꺼이 서주신 큰동서 형님이 계신 것도 큰 행운이었다.

직장생활을 하면서 회사의 과 책임자로 근무할 때 바르게 지도해주신 남귀현 부장님, 직장생활에서 흔들릴 때 잡아주신 윤원석 사장님과 같은 좋은 상사를 만난 것도 큰 행운이었다. 직장상사는 아니었지만 우연한 기회에 잠시 모셨고 오래 함께 만나뵈었던 손상모 회장님은 인생

중반 이후의 삶의 자세를 잡아주신 등불 같은 분이셨다. IMF 금융 위기를 무사히 넘기고, 그것을 계기로 오히려 큰 기회를 잡도록 도와주시고 지금까지도 내가 존경하는 윤영석 회장님을 만난 것도 큰 행운이었다.

친구들과 모임에서, 등산하면서 이런 좋은 친구들을 만나 오래 함께 할 수 있다는 것이 큰 행운이라고 이야기하면 모두가 공감을 표한다.

많은 한국 주재 일본인 경영자들의 SOS 요청을 받고 그들에게 도움을 주고, "정 선생님이 힘들 때 도와주셔서 애로 사항도 원만히 해결했습니다"라는 인사를 들었을 때, 나에게 상담받은 많은 직장인이 진심으로 감사의 인사를 해올 때 큰 보람을 느꼈다. 나를 만난 것은 그들에게 큰 행운이었던 것이다.

살아오면서 힘과 용기를 주는 많은 사람을 만나 그들의 도움을 받으며 성장할 수 있었던 것에 진심으로 감사하는 마음을 간직하며 살아가야 한다. 그리고 "당신을 만난 것이 큰 행운이었습니다"라는 감사의 인사를 듣는 그런 사람이 되면 더 좋겠다. 우리 모두 힘과 용기를 주고받는 사람이 되자.

7

백의의 천사들이
흘린 눈물

'백의의 천사'라고 불리는 간호사들과 여러 차례 워크숍을 하며, 하얀 가운 속으로 흘리는 눈물을 보았다. 그래서 더욱 그들이 마음속 응어리들을 쏟아낼 수 있도록 대화의 장을 마련하고, 개별 상담의 시간을 자주 가졌다.

어린이 교육 기업 아이챌린지 한국 설립 사장으로 재직 시, 사내에 약 100여 명의 전화 영업 및 고객 응대 팀, 즉 콜센터를 운영했다. 그들을 통해서 까다로운 꼴불견 고객 때문에 받는 스트레스가 얼마나 힘든 것인지 많이 들었다. 전화로 젊은 콜센터 여직원에게 폭언하거나, 모욕을 주거나, 심지어 성희롱까지 하는 경우가 있어서 힘들다고 했다. 그래서 입사한 지 1개월도 못 견디고 그만두는 경우가 흔했고, 3개월 정도 참고 견뎌내야 겨우 정착 단계에 들어갔다고 보았다.

백화점 판매원, 스튜어디스, 콜센터 직원, 민원 담당자, 노인 요양보

호사 등이 흔히 우리가 알고 있는 감정 노동자들이다. 그들은 화가 나고, 짜증이 나고, 몸이 불편해도 겉으로는 웃으며 상냥하고 친절한 태도로 고객을 응대하도록 교육받고 그렇게 생활한다. 그러다가 엄청난 스트레스를 참지 못하고 사표를 내거나 심지어 정신과 치료를 받아야 할 상태가 되기도 한다.

백의의 천사라고 불리는 간호사들 역시 환자 고객을 상대하는 감정 노동자들이다. 의료 대란으로 그들이 격무에 시달리며 아주 힘들게 지낼 것이 눈에 훤히 보이는 것 같다.

2004년 봄에 국내의 가장 유명한 대학병원에서 근무하는 오랜 경력의 수간호사들이 의욕 저하로 힘들어한다며, 그들의 용기를 북돋아주는 조직 활성화 워크숍을 의뢰받았다. 나는 그들을 대상으로 한 번에 20~30명씩 1박 2일간의 조직 활성화 연수를 6회 실시했다. 그렇게 많은 간호사를 한꺼번에 만나 보는 것도 흔하지 않은 경험이었고, 그들의 속마음이 궁금하기도 했다.

워크숍은 강의와 병행하는 일종의 집단 상담 형식으로 진행되었다. 개인적인 고민은 따로 시간을 내어 상담했다.

당시 대학병원 수간호사들의 호소를 요약해보면 다음과 같다.

첫째, 주·야간 3교대 근무에서 오는 문제가 많았다. 생활 리듬을 조절하기가 어렵고, 피로감이 심하며, 자녀들의 등하교를 도와주거나 숙제를 도와주기도 어려워 마음이 아프다고 했다. 그들은 자녀 교육 문제, 부부 문제를 많이 이야기했다. 자동차·조선 등 공장에서 일하는 생산직 근로자들의 워크숍을 할 때 주·야간 3교대 근무에서 오는 가정생활의 문제점들을 많이 이야기 들었는데, 간호사들도 그 문제점들을 그대로 호소했다.

둘째, 의사들과의 갈등을 많이 호소했다. 나이 어린 의사들이나 레지던트들이 나이 많은 간호사들에게 말을 함부로 하거나 아랫사람 부리듯 하는 언행에 심하게 스트레스를 받는다고 했다. 어느 조직에나 발생하는, 파워를 이용한 괴롭힘(power harassment)이 병원 내에서는 더 심하다는 느낌을 받았다.

셋째, 환자들에게서 받는 스트레스 또한 크다고 했다. 환자들은 몸이 아프고 힘들다 보니 수시로 간호사들을 불러대고, 여러 가지 요구 사항을 이야기한다. 그들의 심정을 충분히 이해하면서도 상대하는 환자가 1~2명이 아닌 데다 심하게 짜증을 내거나 큰소리를 치는 환자들도 많아서 크게 마음의 상처를 받는다고 했다.

넷째, 후배 간호사들에게서 오는 스트레스가 참기 어렵다고 했다. 일종의 세대차에서 오는 소통의 문제인데, 자기들은 선배들을 깍듯이 대하며 잘 따랐는데 요즈음 후배들은 선배 대접을 잘 하지 않을 뿐 아니라, 지시 사항에도 잘 따르지 않아 힘들다는 것이다. 고부간의 갈등을 이야기하는 시어머니들의 하소연과 비슷한 내용들이었다.

다섯째, 많은 환자를 상대하는 직업상 병원 내 감염의 두려움이 있다고 했다. 내 친구 박 원장의 부인이 S대 수간호사였는데, 어느 날 원인 불명으로 고열이 나서 입원을 했다가 3~4일 만에 사망했다는 이야기를 들은 적이 있다.

연수 중 그룹 토의 시간에 각자 자신의 애로 사항을 털어놓고, 그중 가장 힘든 애로 사항과 회사에 건의할 사항을 중요한 순서대로 써서 발표하게 했다. 그 과정에서 자기만 힘든 것이 아니라는, 동병상련의 느낌으로 상당수의 참여자가 스스로 정신적·정서적 안정을 찾아갔다. 그들이 공통적으로 어려워하는 인간관계 갈등 해소법 등에 대해서는 중간중간 특강 형식으로 풀어 주었다.

쉬는 시간이나 식사 시간에 개인적인 고민을 상담해오는 간호사들과는 별도로 대화하는 시간을 가졌다. 토의를 통해 병원 차원에서 제도적으로 개선해야 할 사항들은 따로 정리해서 병원 측에 건의해 개선될 수 있도록 했다.

워크숍을 마치면서 소감문을 받아 보니, 그동안 힘들어 혼자 눈물도 많이 흘렸는데 정말로 오랜만에 마음속에 담고서 말하고 싶었던 이야기들을 다 할 수 있어서 너무나 속이 시원하고 힐링이 되었다며 고맙다는 인사들을 많이 써냈다.

감정 노동자들도 우리의 가족이고, 우리 사회를 구성하는 중요한 사람들이다. 그들의 고충을 이해하며 따듯한 말 한마디로 격려와 위로를 보내자. 우리들의 그런 행동이 아름다운 세상을 만든다.

8

작은 배려, 큰 보람

배려는 상대방의 입장에서 생각하고, 그 사람을 존중하는 마음으로 하는 행동이다. 배려하는 작은 행동 하나가 상대방에게 큰 힘과 용기를 주고, 자신에게는 커다란 보람이 되어 돌아온다.

"O형 피가 급히 필요합니다. 헌혈할 병사는 대대 본부로 급히 와주세요."

눈이 제법 많이 내리던 강원도 전방의 추운 겨울, 저녁 9시 점호를 마칠 무렵, 부대 내의 방송이 다급한 상황을 알렸다. 우리 소대원은 36명이었다. 이론적으로는 그중 9명 정도가 O형일 텐데, 서로 눈치를 볼 뿐 선뜻 나서는 사람이 없었다. 인간의 보편적 심리는 그런 것이다. 나는 손을 들고 즉시 대대 본부로 달려갔다. 각 소대에서 온 6명의 지원자는 바로 트럭에 올라타고 눈길을 달려 육군 병원으로 향했다. 도착해

보니 우리 대대 상사 한 분의 사모님이 수술 중 다량의 출혈로 위급한 상황이란다. 즉시 혈액검사를 해서 나를 포함한 3명이 적합 판정을 받고, 바로 헌혈을 시작했다.

한 번의 헌혈량은 일반적으로 400cc 정도이니 보통 소주 한 병의 용량인 360cc보다 많은 양이다. 손을 조금 베여 약간의 피가 나도 긴장하는 것이 인간인데, 소주 한 병 분량보다 많은 피가 내 몸에서 단번에 빠져나가는 것은 두려운 일이다. 당시 나의 체중이 74kg 정도였으니 내 몸속의 피는 약 5,000cc쯤 될 것이고, 그중의 약 8% 정도를 헌혈하는 것이다. 하지만 헌혈하면 새로운 피가 빠르게 재생산되어 두 달 후에는 다시 헌혈을 할 수 있다니 겁낼 일도 아니다.

병원에서 헌혈을 마치니 영양 보충을 하라며 계란과 라면을 각각 한 개씩 주었다. 새벽 2시에 부대에 돌아와 끓여 먹은 그날의 라면은 내 일생에서 가장 맛있게 먹은 라면으로, 지금도 추억의 한구석에 자리 잡고 있다. 약 한 달쯤 후에 내 피를 수혈받은 사모님의 남편인 상사가 그날 헌혈한 3명의 병사를 자기 집으로 초대했다. 저녁 식사를 대접하겠다는 것이었다. 그 자리에서 사모님이 우리에게 깊은 감사 인사를 하셨다. 약간의 배려가 사모님의 목숨을 살렸고, 그 상사는 그 후 우리를 각별히 보살펴 주셨다.

당시 병사들의 군생활 기간은 34개월이었는데, 나의 군 복무 32개월째 되던 12월 초에 중대장께서 나와 입대 동기 허 병장을 불러서 "두 사람은 모범적으로 성실하게 군생활을 했으니, 이제부터 제대 기일까지는 500고지 통신센터에서 잘 지내다가 나가게"라고 하며 특별 배려를 해주셨다. 전방 강원도 인제의 500고지 통신센터는 사방이 산으로 둘러싸여 고립된, 아주 적막한 곳에 있었다. 선임하사 1명과 7~8명의 병사들이 통신센터를 운영하고 있었는데, 우리 2명이 올라가니 새삼스럽게 고참 병장 2명이 올라와 혹시 자기들을 괴롭히지는 않을까 하는 생각이 들었는지, 병사들의 표정이 떨떠름했다.

역지사지인지라 우리라도 그런 생각이 들었을 것이다. 그래서 허 병장과 나는 '어떻게 하면 저들을 배려하면서 우리도 대우받으면서 석 달 정도를 잘 지낼까?' 하고 상의했다. 허 병장은 복학해야 하고, 나는 졸업을 하고 입대했으므로 취업을 준비해야 했다. 그래서 밤 10시부터 기상하는 6시까지 우리가 4시간씩 교대로 통신실의 보초를 서며 각자 필요한 공부를 하기로 했다. 그리고 아침 기상과 동시에 발전기를 돌려 통신 장비를 가동하고, 군단과 각 사단 통신센터, 고지 통신센터와 무선 통신을 연결하는 일을 도맡았다. 거기에다 사병들을 교육하는 일에도 허 병장과 내가 나섰다. 30분간 군단장, 사단장들의 인사와 통신 상태 점검이 끝나면, 우리는 물통을 한 개씩 지고 산 아래쪽 옹달샘으로 내려가 고지에서 쓸 물을 길어 올라왔다. 겨울에 계곡에 내려가서 물통을 지고 올라오는 것은 보통 힘든 일이 아니었다. 그런 우리의 행동(배려)에 감동한 병사들이 우리를 극진히 모시기(?) 시작했다. 우리의 식탁에 자기들이 특별히 들여온 사제 반찬도 올리고, 저녁때는 반주까지 곁들여 차려주었다. 우리의 배려는 고스란히 우리에게 보답으로 돌아왔다.

일본 기업 베네세의 한국 사장으로 재직하던 어느 날, 30대 중반의 경영기획팀장이 심각한 표정으로 상담 신청을 해왔다. 당시 직원들에게 상담 신청을 하면 사장의 입장이 아닌, 상담사의 입장으로 상담에 응하겠다고 공언을 했었기 때문에 그처럼 직원들이 개인 상담을 요청해오기도 한 것이다.

"사장님, 제가 폐암 진단을 받았습니다. 저 하나 믿고 키우신 홀어머니께 큰 불효를 하는 것 같아 마음이 아픕니다. 그보다도 회사를 그만두고 요양을 할 수도 없습니다. 집 대출금도 갚아 나가야 하고, 당장 생활비도 걱정입니다."

참 기가 막힌 현실이었다. '이렇게 착하고 성실한 젊은 청년에게 이 무슨 시련인가?' 사장으로서 내가 할 수 있는 배려는 업무량을 줄여 주고, 병원에 가거나 피로할 때 쉴 수 있도록 해주는 것뿐이었다. 불행하게도 병세가 조금씩 더 진행되었다. 결국 내가 그의 어머니와 상의해 요양원을 물색해서 입원시켰다. 업무 스트레스 없이 치료에 전념하도록 한 것이다. 그는 그렇게 3년 정도 투병하다가 하늘나라로 가고 말았다. 나는 장례 절차 등 모든 면에서 힘이 닿는 데까지 도와주었다. 장례를 마치자, 그의 어머니께서 아들을 잃은 비통한 마음을 채 가누지 못해 울먹이면서 말했다.

"사장님, 그동안 도와주셔서 정말 고맙습니다. 우리 아들이 사장님은 아버지 같은 분이라고 자주 이야기하곤 했어요."

우리의 작은 배려가 상대방에게는 큰 힘이 된다. 따듯한 말, 행동으로 하는 배려, 들어주고 공감하는 정서적 배려, 기부활동이나 물질적 배려 등 마음만 있으면 얼마든지 할 수 있다.

9

한국 주재
일본인 사장들의 SOS

한국에 주재하는 일본인 사장들은 다양한 문화적 차이로 경영상의 애로 사항이 많다. 그로 인한 심한 스트레스로 불면증과 우울증을 겪기도 하면서 나에게 다양한 SOS 상담 요청을 해왔다.

한국에 주재하는 일본인 경영 책임자들이 매달 모여 고민을 토로하며, 서로의 경험을 공유하는 벤쿄카이(공부하는 모임) 에비나회가 있었다. 미츠비시 한국 지점장과 서울 일본인회(서울 재팬클럽) 회장을 역임했던 에비나 상이 주도하는 모임이었는데, 어느 날 에비나 상이 함께 차를 들면서 대화하는 자리에서 말했다.

"정 상, 우리 일본인들끼리만 모여 고민을 털어놓고 경험담을 나누다 보니, 한국과 일본 사이에서 어느 쪽으로도 치우치지 않은 균형 잡힌 시각으로 경영 자문을 해줄 사람이 필요하다는 생각이 들어요. 정

상은 일본 상장 기업의 한국 사장, 일본 주재원 생활 7년, 한국의 종합 상사 대우에 근무, 일본 상장 기업의 고문 등 경력이 풍부하니, 저희 벤쿄카이에 참석하셔서 지도해주시면 좋을 것 같아요."

나에게 매달 열리는 자기들의 벤쿄카이에 참석해 일본인들이 모르는 한국인들의 정서, 관습 등에 대해 이야기해달라고 요청하는 것이었다.

그래서 약 3년간 월 1회씩 참석자 20여 명의 다양한 애로 사항을 2시간 정도 들으며 그들에게 해결책을 자문해주는, 일명 '정상곤회'를 진행했다. 매월의 토의 주제를 한 달 전에 미리 공지하고, 그 테마에 관심이 있거나 관련된 고민이 있는 사람들이 모이다 보니 동병상련의 분위기에서 이야기가 잘 진행되었다. 매회 회의를 마치고는 저녁 식사도 같이했는데, 그 자리에서도 그날 주제에 대한 토의가 계속 이어져 질의에 응답하느라 나는 밥을 먹기도 어려웠다.

그들의 고민은 일본 경제는 저성장 국면인데, 한국은 급성장하다 보니 한국인 직원들의 회사에 대한 요구가 일본과 다르다는 것이었다. 급격한 급여 인상 요구, 과도한 복리후생 요구, 직급의 인플레이션 등이 해결하기 힘들고, 또 기업 문화가 일본과 달라 근무 자세, 노사 문제, 접대비, 관리 시스템 등을 맞추기 어렵고, 갑자기 사표를 내거나 심지어는 회사를 상대로 소송을 하는 사원이 있다는 둥 아주 다양했다. 때로는 모임 후에 따로 연락을 해서 자신의 개인적인 고민을 상담해오는 경우도 많았다. 그러다가 NTT Korea, Kanebo Korea와는 장기 고문 계약을 했고, 기타 여러 기업과는 컨설팅 계약이나 단기 고문 계약을 체결하는 것으로 이어지기도 했다.

자동차 부품을 제조·판매하는 회사의 사장은 직원들과 소통이 잘 안되는 문제가 있다고 호소해왔다. 직원들도 하루 종일 묵묵히 시키는 일만 겨우 하는 식으로 적극성을 보이지 않는다면서, 그들과 소통을 잘 해서 그들의 속마음을 알고 싶은데 그러지 못해 너무 답답하다고 했다.

이야기를 듣다 보니 사장은 외모나 스타일이 고지식하고 융통성이 없어 보이는 전형적인 일본인으로, 하루 종일 정자세로 책상에 앉아 일 하는 스타일이었다. 나는 우선 직원 세미나를 1회 실시해 한·일 기업 문화의 차이를 이해시키고, 개별 심층 면담을 실시해서 직원들의 불만 과 요구 사항들을 잘 파악한 다음, 그 해결책을 카와세 사장과 협의하 는 방식으로 문제를 풀어 나갔다.

사장은 의외로 나의 이야기를 잘 받아들이고 즉시 실행해 하나씩 실 천에 옮겼다. 회사 밖에서 만나 차를 마실 때면 개인적인 고민도 털어 놓았다. 점차 회사 경영이 안정되면서 연락이 뜸했는데, 어느 날 귀국 하게 되었다며 메일로 귀국 인사를 보내왔다.

'한국에 부임해 짧지 않은 기간 동안 일하면서 정 선생님으로부터 큰 도움을 받았습니다. 처음 한국에 부임했을 때는 불안감이 컸고, 회사 경영에 난관이 많았습니다. 그때 정 선생님을 만나 하나씩 문제 해결의 실마리를 찾아갈 수 있었던 것은 저에게 큰 행운이었습니다. 정 선생님 을 만나지 못했으면 도중에 포기하고 돌아갈 뻔했다고 생각합니다. 감 사하다는 말로는 다 표현할 수 없는 도움을 받았습니다. 정 선생님의 건강과 행복을 빕니다. 거듭 감사 인사 드립니다.'

다음으로 특히 인상에 남는 사람은 긴급히 SOS 신호를 보내온 일본 계 화장품 회사의 S사장이었다. 만나 보니 불안증과 불면증, 강박관념에 사로잡혀 거의 패닉 상태에 빠져 있었다.

가장 시급한 것은 사장의 심리적 안정이었고, 동시에 동요하는 직원들을 안정시켜야 했다. 사장의 심리상담을 실행하며 동시에 경영 자문을 하면서 사장의 경영 스타일이 조금씩 개선되자, 회사는 차츰 안정을 찾아가기 시작했다. 매출도 오르고, 이익도 증가하기 시작하면서 사장의 표정이 한결 편안해졌다. 본사에 제출할 보고서도 나에게 미리 설명하고 함께 수정한 후에 보냈다. 그렇게 4년이 지날 무렵 그는 내게 다음과 같이 말했다.

"정 고문님, 4년간 큰 은혜를 입었습니다. 정 고문님을 만난 것은 저의 행운이었습니다. 그런데 이번에 싱가포르 지점으로 이동하게 되었습니다. 그곳으로 가더라도 전화나 메일을 통해 계속 지도받고자 합니다."

그 밖에도 나에게 SOS 도움을 요청하는 사람들이 많았다.

"정 선생님, 여기는 경기도와 부산에 공장이 있는 기계 부품 수입·제조·판매 회사입니다. 저희 회사에는 50대 후반의 고령 엔지니어 직원들이 많은 편입니다. 그동안 직원들의 말 못하는 불만이 쌓인 것 같은데, 사장이 한국말을 못 해서 개별적으로 면담도 잘 안되고… 답답한 실정입니다."

그들이 고민하는 이유는 이랬다.
첫째로, 얼굴 생김새 등 외형이 일본 사람들과 비슷하다 보니 한국과 일본이 문화적으로나 직장관·가치관도 비슷할 것이라고 착각하는 데서 다양한 문제가 생긴다.

둘째로, 일본인 경영자들 대부분이 한국말을 잘 못 하기 때문에 의사소통이 어려워 그에 따른 오해가 생기기 쉽고, 허심탄회하게 직원들과 대화할 수 없는 데서 애로 사항이 생긴다.

셋째로, 경영 방식이나 기업 문화의 차이가 커서 문제가 많이 생긴다. 일본 기업에는 아직도 종신 고용의 잔재가 뿌리 깊이 남아 있고, 수직적·명령식 운영을 하는 풍토가 있어 한국 직원들과 그 때문에 잦은 마찰이 발생한다.

지금도 서울 주재 일본인 사장들의 SOS 구조 신호가 접수되면 기꺼이 그들을 돕는다. 그런 활동을 하는 나 스스로는 큰 보람을 느낀다.

우리 주위에는 점점 더 많은 외국인이 함께한다. 한국문화에 익숙하지 못해 당황하는 그들에게 적극적으로 도움의 손길을 내밀어 보자.

10

온기 우체부의
손 편지

힘들거나 고민하는 사연을 익명으로 써서 온기 우편함에 넣으면, '온기 우체부'라는 800여 명의 자원봉사자가 따뜻한 마음으로 쓴 손 편지로 위로의 답장을 보내는 아름다운 조직이 있다는 소식이 매스컴에 소개되어 만나 보았다.

젊은 사람들 약 10여 명이 뜻을 모아 운영하는 '온기 우편함(사단법인 온기, ongibox.co.kr)'은 기특한 사단법인이다. 청소년·청년들의 진로에 대한 고민, 루저가 되어간다는 패배감, 삶과 관련된 청춘의 다양한 고민, 사회 진출을 하면서 이상과 현실의 큰 괴리에서 느끼는 당혹감 등의 고민을 적어 온기 우편함에 넣으면, 온기 우체부로 활동하는 약 800여 명의 자원봉사자가 일일이 손 편지로 답장을 써서 회신하는 시스템이다. 그들은 CGV 영화관, 노량진 고시촌, 대학 캠퍼스 등에 노란 색깔의 온기 우체통을 전국에 80개 설치했고 늘려가고 있다. 최근에는 이

당신을 만나면 힘이 나요

메일(ongi@ongibox.co.kr)로도 고민을 보내고 답장받을 수 있도록 하고 있다.

온기 우편함에 보내온 사연 중 내용을 공개해도 좋다는 허락을 받고, 《온기 모음집》이라는 책자를 매년 내는데, 그중 몇 가지의 고민 내용을 살펴보면, 다음과 같다.

- "저만 뒤처지는 것 같은 생각이 들 때, 어떻게 해야 할까요?"
- "저는 최근에 암 진단을 받고 수술을 기다리고 있어요."
- "하고 싶은 일과 해야 하는 일, 무엇을 선택해야 할까요?"
- "남들과 저 자신을 비교하게 돼요."
- "정말 요즈음은 모든 게 걱정이고 고민이 돼요."
- "요즈음은 무엇이 행복인가에 대해 의문을 가져요."
- "결혼하고 싶지만, 그것이 두렵기도 해요."

신체에 병이 들기 전에 예방주사를 맞든가 여러 가지로 조심하듯, 마음도 불면증·우울증 등의 증세가 심해져 정신과 치료가 필요한 단계로 접어들거나 사회생활을 포기하는 단계가 되기 전에 온기 우편함 같은 단체의 도움을 받거나 심리상담사에게 상담을 받는 것이 좋다.

요즈음 정신과 진료를 받는 사람들이 급증하고, 거리에서는 심리상담소 간판들이 많이 눈에 띈다. 대기업들은 상담실을 별도로 설치하고 있으며, 상담 전문 기관과 계약해 직원들의 정신 건강에 신경을 쓰는 회사나 기관들도 꽤 있다.

물질적으로는 선진국에 진입했으나 경쟁이 극심하고, 격차가 심하며, 사회가 급변하는데 그 변화에 적응하지 못해서 어려움을 겪는 사람들이 많다. 그들을 방치하면 패배감·우울증·불면증에 시달리고 좌절하다가 알코올·마약·범죄 등에 빠져들고, 심하면 극단적인 선택을 하게 된다.

직장인들을 상대로 강의하다 보면, 그들의 다양한 하소연을 들을 기회가 많다. 나는 그들에게 제대로 된 상담을 해주기 위해 틈틈이 상담 공부를 했고, 일본 산업카운슬링 전국 대회에도 몇 차례 참석했다. 2025년에 제55회 대회가 개최된다고 하니 역사가 깊은 대회다. 한 번에 1,000여 명이 넘는 상담 전문가들이 참여하는 큰 규모와 참석자들의 열정, 그리고 대회에서 다루어지는 진지한 토론과 발표 내용들에서 매번 깊은 감명을 받았다. 한국에서도 가장 규모가 크고 권위 있는 상담조직인 한국EAP협회(https://www.keapa.co.kr/)도 전문 상담사 약 2,000명이 전국에서 활동하며, 직장인 상담 등 각종 상담 활동을 하고 있다.

감기만 걸려도 약을 먹듯이, 마음의 병도 초기에 잘 다스리는 것이 중요하다. 힘들 때 혼자 고민하지만 말고, 고민을 들어주고 함께 해결 방안을 모색해줄 조직이나 전문가들에게 손을 뻗어 도움을 요청하면 좋다. 힘과 용기를 주는 따스한 손길들을 얼마든지 만날 수 있다.

당신을 만나면 힘이 나요

11

목사님의
사고뭉치 아들

어느 지인의 부탁으로 고등학교 2학년에 올라가는 목사님의 아들 과외 지도를 맡게 되었다. 그런데 첫날 만남에서, "선생님, 오늘 첫 만남을 기념해서 당구 한 게임 해서 지는 사람이 술 한잔 사기로 하면 어때요?" 한다. 대체 이 아이를 어떻게 지도해야 하나?

"큰아들 민구가 이제 2학년으로 올라가고, 대학 시험 준비도 해야 하는데… 성적이… 글쎄 자기 반에서 밑에서 두 번째입니다. 과외 선생님을 여러 분 모셔 보았지만 몇 개월 가르치다가는 손을 들고 나가셨어요. 게다가 이 녀석이 품행이 좋지 않은 친구들과 주로 어울려 다녀요. 이 사고뭉치… 우리 아들을 제발 어떻게 좀 해주세요."

부모 입장에서는 절박한 상황이었다. 목사의 아들이 어째 이럴까? 그때까지 꼴찌에 가까운 아이를 지도해본 경험이 없어서 다소 난감했지만, 그 아이 부모님의 간곡한 부탁에 승낙하고 그 집에 입주해 함께 생활하면서 학업 지도와 생활 지도를 하게 되었다.

민구와의 첫 대면은 아주 인상적이었다. 인물은 준수하게 생겼는데, 나를 쳐다보는 표정은 '또 그렇고 그런 선생이 왔구나' 하는 듯이 떨떠름했다. 나를 대하며 하는 첫말이 이랬다.

"선생님, 서울대생이라고 들었는데 체격이 꼭 운동선수 같네요. 저하고 팔씨름 한번 해보실래요?"

나를 대하는 품이 전혀 어려워하는 기색이 없었고, 빙글빙글 웃는 태도도 영 마뜩잖았다. 나름대로 운동을 많이 하고, 대학 역도실에서 틈틈이 몸을 단련하던 나로서는 보통의 고등학교 2학년생이라면 나의 팔씨름 상대가 되지 않을 것 같아서 "그러자"라고 했다. 그런데 오른팔씨름에서 나는 보기 좋게 지고 말았다. 의기양양해하는 민구의 표정에 자존심이 상한 나는 "왼팔로 한 번 더 하자"라고 해서 겨우 이기고 체면치레했다.

"선생님, 대단하십니다! 다른 선생들은 모두 약골이시던데….”
"그런데 네 팔 힘은 왜 그렇게 센 거냐?"
"제가 중학교 때 야구부에서 피처(pitcher, 투수)였어요. 오른손으로 공을 던지다 보니 오른팔 힘이 세진 것 같아요."
"그렇구나. 선생님은 총명해 보이는 민구가 성적이 낮다는 게 이해되지 않았는데, 운동부 활동을 하다 보니 공부를 소홀히 할 수밖에 없었겠구나. 이제 조금 이해가 간다. 지금도 야구 선수 생활을 하니?"

"아니요, 지금은 그만두었어요.… 선생님, 담배 피우세요?"

"아니, 안 피워."

"에이… 그러면 술은 하세요?"

"술은 조금 하지."

"당구는요?"

"그것도 조금은….'"

"그러면… 오늘 첫 만남을 기념해 당구 한 게임하고, 지는 사람이 술 한잔 사기로 하면 어때요?"

첫 대면에서 고등학교 2학년생이 던진 제안에 나는 순간적으로 당황했다.

'정학이나 퇴학당하고도 남을 행동들을 과외 선생과 같이하자는 이 아이를 앞으로 어떻게 지도해야 하나?'

마음이 통해야 친해지고 공부도 할 수 있을 것이라는 생각이 들어, 우선 아이의 마음을 열어 보자는 마음으로 선선히 대답했다.

"좋다. 팔씨름은 비겼지만, 당구는 지지 않을 거야. 당구 게임에서 진 사람이 저녁을 사고, 저녁 식사하면서 반주도 한잔 곁들이자. 물론 담배를 피워도 좋아."

"와! 선생님이 나를 놀라게 하시네요. 그동안 오셨던 분들은 처음 만나는 자리에서 그런 제안을 하면 학생이 그러면 안 된다고 야단부터 치

셨거든요. 선생님은 좀 다르시네요. 저와 말이 통할 것 같아요."

민구는 당구 실력도 보통이 아니었다. 내가 져서 저녁을 사게 되었다. 저녁 식사 자리에서 소주를 한두 잔 들이켠 민구가 말을 꺼냈다.

"아버지는 목사이시니까… 저의 행동을 아주 못마땅하게 생각하시고 야단만 치세요. 저를 이해하고 제 이야기를 들으려는 생각은 아예 하지 않으시고… 저를 사탄과 같이 취급하세요."

"그렇구나. 나도 모범생으로 자라서 민구와의 첫 대면이 무척 당황스러워. 민구 아버지의 마음과 염려가 이해되고도 남아. 그래도 오늘 처음 만난 민구는 외모도 준수하고, 또 눈빛을 보니 총명해 보여서 안심이 돼. 조금 노력하면 반드시 좋은 성적으로 원하는 대학에 갈 수 있을 거라는 생각이 들어. 그런데 한 가지 물어보자. 너의 학교 성적이 거의 꼴찌 수준이라는데, 그게 부끄럽지는 않니?"

"부끄럽기도 하지만… 어쩔 수가 없는 것 같아요. 포기했어요."

"성적이 조금씩 오르면 부끄러움도 사라지고, 어깨에 힘을 줄 수도 있지. 그런데 야구도 그만두었다면서 성적이 오르지 않는 가장 큰 이유는 뭐라고 생각해?"

"우선 공부에 자신감이 없어요. 그리고 친구들이 수시로 찾아와서 밤늦게까지 같이 어울리다 보면 공부할 시간도 없어요."

"그렇구나. 그러면 친구들더러 오지 말라고 하고, 나와 공부해보면 안 될까?"

"선생님, 남자들끼리의 의리가 있지… 오래 사귄 친구들인데 제가 먼저 그 친구들을 멀리하겠다고 할 수는 없어요."

"맞아. 남자들의 세계에서 의리가 중요하기는 하지. 그래서 그 친구들과 가깝게 지내는 것도 좋은데, 성적이 나쁘면 너를 무시하는 친구들이 더 많지 않을까? 너도 그렇게 무시당하면 화가 날 테고…."

"…."

"너도 네 장래가 걱정될 때가 있니?"

"그렇죠, 뭐…."

"그러면 친구들을 만나는 대신에 가끔 나하고 당구도 치고, 영화도 보고, 또 가볍게 술도 한잔하자. 그러면서 장래의 꿈 이야기도 하고, 친형처럼 친동생처럼 친하게 지내자."

그렇게 민구와 나는 점점 친해져서 형제처럼 지내기 시작했다.

민구의 마음이 열리고 있다는 것을 감지한 나는 어느 날 벼르던 제안을 했다.

"이제부터 공부하는 시간을 조금씩 늘려 보자. 그러려면 우선 네 친구들을 멀리하도록 해야 하는데, 함께 노력해보자."

"예, 선생님 말씀대로 한번 따라 해볼게요."

"그러면 이렇게 해보자. 내일 학교에 가서 친구들을 만나면 이렇게 소문을 내. '이번에 가정교사 선생님이 새로 입주했는데, 힘도 무지하게 세고, 말도 거칠어서 완전 깡패 같은 돌아이 선생이야. 그 선생한테 잘못 보이면 맞아 죽을 것 같아. 나도 무서워' 이렇게 말이야."

며칠 후 저녁 무렵에 민구의 친구들이 문밖에서 민구를 불렀다. 민구더러 "너는 이대로 방에 가만히 있어"라고 해놓고, 내가 대문 밖으로 나갔다.

"어떤 자식들이야? 오늘부터 민구가 공부하는데 불러내는 놈들은 내가 가만두지 않을 거야!"

내가 대문을 열고 나가면서 그렇게 외치자, 민구를 불러내려던 녀석들은 혼비백산하며 도망치고 말았다. 그러면서 점점 친구들이 집으로 찾아오지 않게 되고, 민구도 공부를 시작했다.

민구와 나는 2층의 각방을 썼는데, 방이 바로 옆에 붙어 있다 보니 이야기 나눌 기회가 많았다. 민구는 공부하다가 모르는 것이나 때로는 내가 살아온 삶에 대해 궁금히 여기며 물어보기도 했다. 목사이신 아버지에 대한 불만을 이야기하거나 자신의 고민 같은 것도 털어놓았다. 진학·진로에 관한 상의도 하면서, 민구는 조금씩 성숙해가는 모습을 보이기 시작했다.

생각하는 자세가 바뀌니 원래 총명한 아이여서 성적도 눈에 띄게 빨리 올랐다.

그렇게 1년이 지나고 고등학교 3학년이 되어 치른 첫 모의고사에서는 60명 중 바닥에서 2등 하던 아이가 위에서 5등이라는 놀라운 성적표를 받아들었다. 그날 저녁 민구가 내 방으로 찾아왔다.

"선생님, 드릴 말씀이 있습니다."
"그래, 말해봐. 이번에 성적이 잘 나와서 아주 대견하고, 기뻐."
"그래서 드리는 말씀인데요… 선생님 덕분에 이제 운동하던 시절의 친구들은 멀어졌고… 성적이 오르니 자신감도 생겼습니다. 이제부터는 저 혼자 공부해도 될 것 같아요. 선생님은 저 같은… 다른 학생을 지도하시고 도와주시면 더 좋겠습니다. 선생님 감사합니다."

민구와는 그렇게 헤어졌다.

사람을 바꾸려면 마음을 얻어야 하고, 마음을 얻으면 꿈과 희망을 불어넣어 그 사람을 바꿀 수 있다. 사람이 바뀌면 얼마든지 그가 원하는 것을 이루도록 해줄 수 있다.

12
—

가슴 깊은 곳에
숨겨진 응어리

부모에 대해, 사회에 대해, 학력이나 외모에 대한 자기 콤플렉스 등
마음속에 응어리를 품고 사는 사람들이 많다. 그 응어리가 자기도 미처
모르는 사이에 사회생활, 인간관계에 큰 장애가 된다. 그 응어리는 암
과 같은 존재여서 빠른 시일 안에 제거해야 한다.

36세 정도의 여성 팀장이 카페에서 나와 상담하던 중 갑자기 울기
시작했다. 마음 깊이 꼭꼭 숨어 있던 응어리가 풀리는 순간이었다. 제
삼자가 보면 오해받기 쉬운, 난처한 상황이어서 나도 모르게 주위를 둘
러보았다.

일본 회사 T사의 사장이 도움을 청해왔다.

"우리 회사에 여자 팀장이 1명 있는데, 평소에 남자 팀장들과의 다
툼이 많고 관계가 나빠서 걱정입니다. 제가 어떻게 좀 해결해보려 했는

데… 아무리 해도 도통… 그 원인조차 알 수가 없어서 해결되지 않습니다. 선생님께서 그 팀장을 개별 상담해 문제를 해결해주시면 감사하겠습니다."

나는 비교적 조용한 오전 시간에 그 회사 근처 카페에서 상담을 진행했다. 나는 종종 회사 회의실보다는 분위기를 바꾸어 카페 등에서 상담을 진행했는데, 상담에 임하는 사람이 긴장을 덜 하게 되고 이야기가 잘 진행되는 것을 경험상 알고 있었다.

사장의 지시로 상담에 임한 이 팀장은 처음에는 경계의 눈빛을 보이며 좀처럼 이야기하려 하지 않았지만, 상담이 진행되면서 조금씩 말문을 열기 시작했다.

"남자 팀장들은 저를 무시하고 힘들게 해요. 차별도 심해요. 나를 빼고 자기들끼리만 이야기해요. 아마도 뒤에서 저에 대한 험담을 많이 할 거예요."

마음의 아픔을 혼자 안고 가면 우울증 등 마음의 병이 깊어진다. 그러다가 불면증, 소화불량 등 신체적 병이 나타나기 시작해 사회생활도 그르치게 된다.

상담을 이어가며 이야기를 들어주니, 마음이 많이 풀리는지 자기의 자란 환경, 가족 등의 이야기를 털어놓기 시작했다.

"부모님은 제가 고등학교 2학년 사춘기 때 이혼했어요. 저에게는 감당하기 어려운 쇼크였죠. 저는 어머니와 함께 살았는데, 고생하시는 어머니의 모습을 보면서 아버지에 대한 미움과 원망이 점점 커졌어요. 그래서 그랬는지 그 당시에 저는 많이 방황했어요.”

아버지에 대한 원망이 점점 커지고, 그 원망이 가슴속 깊은 곳에 자리 잡았던 것이다.

그러다가 앞서 말했듯 이 팀장이 갑자기 눈물을 흘리기 시작해 당황스러웠다. 나도 모르게 주위를 둘러보았다. 제삼자가 보면 내가 젊은 여성에게 몹쓸 짓이라도 해서 여성을 울리는 것이라고 오해받기 쉬운, 난감한 장면이었다. 자기 이야기를 진지하게 들어주고 공감해주는 사람을 만나 마음 깊이 간직한 이야기를 털어놓다 보니 자신도 모르게 서러움이 복받친 것이었다.

이 팀장은 그렇게 눈물을 흘리고 울먹이면서 말했다.

“아버지에 대한 미움과 원망이 제 가슴속에 응어리로 깊이 숨겨져 있었는가 봐요. 그 응어리가 저도 모르게 남자들에 대한 편견으로 자리 잡아… 남자들과의 관계가 나빠진 것 같아요. 그래서 지금까지 회사의 남자 팀장들을 친근하게 대하지 못한 것 같아요.”

자기도 모르고 있던 남자들에 대한 미움과 원망의 잠재의식을 발견한 것이다.

“그럴 수 있지요. 제가 회사를 경영할 때 학력과 인물이 좋은 유능한 여직원이 있었어요. 그런데 그 여직원도 유독 남자들을 대할 때는 차갑고 냉랭했어요. 그래서 남자 직원들이 그 여직원에게는 접근하려 하지 않았고, 업무적인 이야기 이외에는 농담도 한마디 할 수가 없었어요. 그러다 보니 약간씩 그 여직원을 따돌리는 분위기까지 되더라고요. 그때는 제가 심리학적 이해가 부족해 상담하거나 상담 의뢰를 해보지도 못했는데, 지금 이 팀장의 이야기를 듣다 보니 그 직원 생각이 납니다."

"그 여직원도 저와 비슷했나 보네요. 그런데 지금 다니는 회사의 남자 팀장들과는 그동안 쌓인 앙금이 쉽게 풀릴 것 같지는 않아요. 그렇다고 부모님 이혼 이야기, 아버지 이야기까지 해가며 구차하게 설명하고 잘못했다고 용서를 구하기도 싫어요."

"그럴 때는 회사를 옮기는 등 환경을 바꾸어 보는 것도 좋아요."

"알겠습니다, 선생님. 감사합니다. 잘 생각해보겠습니다."

"그리고 선생님, 저도 모르게 남자들을 싫어하다 보니… 아직 남자 친구도 사귀지 못했어요."

"하하. 그러시군요. 이제부터 남자들에 관한 생각을 바꾸면, 좋은 남자 친구를 만날 수 있을 겁니다."

얼마 후 이 팀장에게서 전화가 왔다.

"선생님, 이 팀장입니다. 지난번에는 감사했습니다. 선생님과 상담한 후 저에게 많은 변화가 있었습니다. 회사도 옮겼어요. 새로운 회사에서 만나는 남자 직원들과는 원만한 관계를 맺도록 노력하고 있습니다. 무엇보다도 지금까지 가슴 깊이 박혀 있던 아버지에 대한 감정도 많이 없어졌습니다. 선생님, 남자 친구가 생기면 선생님과 함께하는 식사 자리를 만들어 모시겠습니다. 선생님이 제 곁에 계셔 주셔서 얼마나 마음 든든한지 몰라요. 선생님, 감사합니다."

부모에 대해, 사회에 대해, 학력이나 외모에 대한 자기 콤플렉스 등 마음속에 숨겨진 응어리는 암과 같은 존재여서 빠른 시일 안에 제거해야 한다. 자기 이야기를 털어놓을 친구나 전문가가 주위에 있으면 응어리 해소에 큰 힘이 된다. 주저하지 말고 그들에게 손 내미는 용기를 가져야 한다. 숨김없이 자기 이야기를 털어놓으면 그 암과 같은 응어리는 얼마든지 제거할 수 있다.

13

마음 친구가
절실한 회장님

"회장님, 안국동에 가서 파전에 막걸리 한잔하실래요?", "김포공항 근처에 허름하지만 소문난 삼계탕집이 있는데, 가실래요?", "늘 고급 승용차만 타고 다니시는데, 서울의 지하철을 타고 이동해보시는 건 어떨까요?"

"정 사장, 우리 당구 한 게임 할까?", "내 이야기 좀 들어 볼래?"

속 시원하게 이야기를 털어놓도록 잘 들어주는 것은 이야기하는 사람이 어려움을 견디도록 힘을 주는 아주 좋은 방법이다.

"정 사장, 지금 한국에 있어요?"

"예, 그렇습니다. 무슨 일이 있으신가요?"

"무슨 일이 있는 것은 아니고… 내일 저녁에 식사나 같이하세."

"알겠습니다. 그런데 지금 어디에 계신데요?"

"지금 하와이에 있는데… 서울에서 정 사장과 저녁 식사나 하면서 이야기 나누고 싶어서….""

느닷없이 하와이에서 서울로 날아오신 회장님과 다음 날 저녁 식사를 하면서 친구 사이인 듯 아내 이야기, 자녀 이야기, 자신의 건강 이야기, 재산 관리 이야기 등을 털어놓으셨다. 그러고는 다음 날 오전 비행기로 출국했다. 나와 식사하고 이야기 나누려 하와이에서 서울로 오다니…! 그때는 잘 이해가 되지 않았지만, 나이 들어가며 요즈음은 그 심정을 충분히 이해하고도 남는다. 모두 부러워하는 요소를 두루 갖춘 회장도 개인적으로는 자기의 속마음을 털어놓고 이야기할 사람이 필요한 것 같았다.

내가 한국 사장으로 있던 일본 베네세 그룹은 당시 연간 매출 5조 원에 영업 이익이 연간 5,000억 원 정도에 달하던 우량 상장 기업이었다. 오너 겸 최대 주주였던 회장은 개인 재산이 상당했고, 지금은 한국에도 잘 알려진 예술 섬 나오시마를 개발하는 데 20여 년간 500억 엔(당시 환율로 5,000억 원) 정도를 투자했으며, 거기에 50년간 계속 투자를 해서 일본이 자랑하는 세계적인 문화유산을 남기겠다는 의지를 가지신 분이었다.

당시 회장께서 자신이 심혈을 기울이던 예술 섬 나오시마를 한국에 홍보해달라고 요청하셔서 나는 한국의 미술계와 여행 업계 등에 홍보 활동을 했고, 그분을 한국에 초청해 간담회나 강연회 자리도 몇 차례 주선했다. 그러다 보니 자연히 본사 회장과 한국 사장으로서의 관계를 뛰어넘어서 개인적으로도 친밀하게 지내는 사이가 되었다.

당신을 만나면 힘이 나요

어느 날 제주도에서 한일 관광 회의가 열렸을 때, 일본 대표단의 일원으로 참석한 회장이 나를 제주도로 불러서 회의에 같이 참석하게 되었다. 제주 도지사가 참석한 만찬까지 끝나자, "이제 룸으로 가셔서 쉬시지요"라고 권했더니, "아니, 벌써 자려고? 나와 당구나 한 게임 치세. 전에는 당구를 즐겼는데… 베네세의 사장이 되고 회장이 된 이후로는 남의 눈도 있고 해서 오랫동안 당구를 치지 못했어"라고 하셨다. 그날 후쿠타케 회장께서는 학창 시절의 기분으로 돌아가 나와 함께 당구를 즐기셨다.

서울에 출장을 오셨을 때는 이런 말씀도 하셨다.

"정 사장, 내가 서울에 오면 한국 사람들이 항상 좋은 호텔 레스토랑이나 고급 한정식집에 가서 식사하자고 하는데, 나는 솔직히 질려요. 일본에서도 사람들이 점심이든, 저녁이든 호텔 아니면 고급 레스토랑으로 약속을 잡는데, 그 사람들은 모처럼 나를 좋은 곳으로 안내하는 것이겠지만, 나는 그게 일상화되다 보니 오히려 힘들어요."

'그렇구나! 비싸고 좋은 식사도 일상화되면 질리게 되는구나!' 싶었다.

"회사나 어디로 이동할 때는 언제나 기사가 대기하고 있는 차로 이동하니… 운동도 할 수 없고, 또 좋은 식사만 하다 보니 건강에도 이상이 오기 시작했어요. 한국에서는 조금 다른 식사를 해보고 싶네요."

그 마음이 이해되었다. 나도 해외 출장을 다녀오면 가장 먼저 집사람에게 요구하는 것이 김치와 된장찌개였으니….

"회장님, 여기 안국동에 가서 파전에 막걸리 한잔 드실래요?"

"회장님, 김포공항 근처 허름한 집이지만, 맛있다고 소문난 삼계탕집이 있는데, 거기에 가실래요?"

그렇게 몇 번이고 한국의 서민적인 식당을 안내하면, 그런 분위기가 너무 좋다며, 일본에 있으면 남의 이목도 있고 해서 다니기 힘든 집들이라고 말씀하셨다.

"회장님, 늘 고급 승용차만 타고 다니시는데, 서울의 지하철을 타고 이동해보실래요?"

회장께서는 퇴근길 러시아워에 만원 전철을 타 보시더니, 서민 체험을 할 수 있어서 좋았다고 하셨다.

영화 〈로마의 휴일〉에서 공주 역을 맡은 오드리 헵번(Audrey Hepburn)이 경호원의 눈을 피해 숙소에서 몰래 빠져나와 평범한 신문기자인 그레고리 펙(Gregory Peck)과 로마에서 즐겁고 행복하게 하루를 지내던 장면들이 생각났다.

유명 탤런트, 전직 고위 관료, 명사들도 평범한 식당이나 대중목욕탕·대중사우나 같은 데 편하게 갈 수가 없으며, 행여 구설에 오를 수 있기 때문에 우리가 느끼는 소소한 행복은 엄두도 못 낸다고 한다.

지위가 매우 높아지거나 너무 유명해지면, 함께 인간적인 고민을 편하게 이야기 나눌 사람이 주위에 없게 된다. 주위 사람들이라고 해야 이해관계로 모여든 사람들이거나 잘 보이려는 사람들뿐이다. 그러다 보면 편하게 속마음을 이야기 나눌 친구가 절실해지는 것이다.

내 마음속에 있는 이야기를 함께 나눌 수 있는, 진정으로 좋은 친구가 있는 사람은 행복한 사람이다. 그리고 당신이 누구에게인가 그런 친구가 되어준다는 것은 그 사람에게 큰 힘과 용기를 주는 일이다.

14

나는 행복하다고 말하면
행복해진다

많은 사람을 상담하다 보면 억울하다, 화가 난다고 이야기하며 환경을 탓하고, 상대방을 탓하며 자기가 아주 불행한 처지인 것처럼 이야기한다. 그런데 그들 대다수는 사실 상당히 행복한 사람들이다. 그들이 '나는 행복하다'라고 말할 수 있게만 해주면 바로 행복해진다.

나는 내가 행복하고, 성공한 사람이라고 생각한다. 왜냐고 물으면 "내가 그렇게 느끼니까"라고 말한다. 어떤 사람은 자기가 행복하다고 말하고, 어떤 사람은 불행하다고 말한다. 왜 누구는 행복을 느끼고, 또 누구는 불행을 느낄까? 그리고 불행하다고 느끼는 사람이 진짜 불행한 사람일까? 행복한가 불행한가, 성공한 인생인가 실패한 인생인가 하는 것은 지극히 주관적인 판단이다. 자기가 그렇게 느끼면 그런 것이다. 제삼자의 기준으로 판단할 문제가 아니다.

ES리조트의 설립자인 이종웅 회장하고 행복과 불행에 관해 이야기

당신을 만나면 힘이 나요

를 나눌 기회가 있었다. 그때 이 회장이 들려준 이야기가 기억에 남는 다. IMF 금융 위기로 사업이 코너에 몰려 더 이상 버티기 힘들다고 판 단해서 멀리 오지에 가서 죽어버리겠다고 결심하고 네팔로 마지막 여 행을 떠났다고 했다. 그런데 그곳에서 며칠 생활하다 보니 어찌 된 영 문인지 우리와 비교하면 모든 것이 너무나 열악한 그곳 사람들이 모두 평온한 얼굴로 행복한 생활을 하고 있다는 것을 느꼈다고 했다. 그때 비로소 행복과 불행은 내 마음이 만드는 것이지, 외부 요인은 아니라는 큰 깨달음을 얻고서 바로 귀국했고, 심기일전해 다시 사업을 일으켜 성 공했다고 사업 초기의 일화를 이야기했다.

고도달의 행복 토크(유튜브 고도달TV 48화)에서 행복과 불행에 관해 이 야기를 나눌 기회가 있었다. 사실 행복을 느끼는 것은 주관적인 감정이 어서 어떤 상태가 행복한 조건이라고 말할 수 없다. 행복감을 느끼며 살아가기 위해서는 다음과 같이 하면 좋다.

고도달TV
48화

[고도달TV] 시니어 세상 48화
행복의 요건은? | 행복해지는 방법은? | 긍정적 생각, 비교가 가져오는 행복과 불행

첫째, 마음만 바꾸면 행복해진다.

큰 교통사고를 당한 교회 동료가 "운이 나빴다"라고 이야기하지 않고, 그래도 "하나님이 도우셔서 이 정도이기에 다행"이라고 말했다. 암에 걸린 친구가 "초기에 발견해서 다행"이라고 했다. "재수 없이 교통사고를 당했다, 암에 걸렸다"라고 불평하지 않고, 긍정적으로 마음을 바꾸니 행복해지는 것이다. 잔에 물이 반밖에 없다고 생각하는 사람과 아직 반이나 남아 있다고 생각하는 사람, 대한민국이 망할 것 같다고 한탄하는 사람과 그래도 대한민국은 대단하고, 앞으로도 더욱 발전할 것이라고 믿는 긍정적인 사고를 하는 사람의 행복도의 차이는 크다.

둘째, 비교하지 않으면 행복해진다.

위를 보고 비교하지만 않으면 행복해진다. 좋은 대학에 합격하고도 서울대학교에 합격한 친구와 비교해 불행감을 느끼기보다는 그래도 서울에 소재한 대학에 합격했다고 행복해하면 되고, 아파트를 가지고도 강남에 있는 아파트가 아니라고 불행하다고 느끼기보다는 그래도 내 집, 내 아파트가 있어 행복하다고 생각하면 행복해진다. 회사에서 진급이 늦어졌다고, 평가가 좋게 나오지 않았다고 불평하는 사람은 회사가 도산 위기에 처하거나 아예 실직한 사람들의 고통을 생각해보면 행복해진다. 세상 대부분의 불행은 남과 비교하면서 스스로가 만드는 것이다.

셋째, 집착을 버리면 행복해진다.

'방하착(放下着)'이라는 말이 있다. '집착하는 마음을 내려놓아라, 마음을 편하게 가져라'라는 뜻이다. 어느 80세 후반의 큰 부자가 엄청난 양의 귀한 골동품을 수집해서 그것으로 박물관을 만들었다. 그런데 아들이 운영해주기를 원했는데, 아들이 그에 전혀 관심을 보이지 않는다며 한탄한다는 이야기를 들었다. 수집한 골동품에 대한 집착만 버리면 행복해질 수 있는데, 그러지 못 해 본인도 불행해지고, 아들과의 관계도 나빠지고 있었다. 많은 사람이 사소한 것에 집착하는 바람에 큰 것을 잃는 경우를 많이 본다. 집착만 버리면 되는 일이 많다.

넷째, 내가 행복한 이유를 찾기 시작하면 바로 행복해진다.

'건강해서 행복하다, 굶지 않아서 행복하다, 가족이 있어서 행복하다, 직장이 있고 할 일이 있어서 행복하다, 좋은 친구가 있어서 행복하다, 두 눈으로 볼 수 있어서 행복하다' 등등. 자기가 행복한 이유를 얼마든지 찾을 수 있고, 그런 사람은 행복한 사람이다. 불행한 이유를 찾기 시작하는 사람은 언제나 불행에서 벗어날 수가 없다.

앞서 열거한 네 가지를 명심하고, 항상 '나는 행복하고 성공한 사람'이라고 자기 주문을 외우자. 나는 행복하다고 스스로 이야기하고 다니자. 그러면 지금도 행복하다고 느끼게 되고, 더 행복해지는 좋은 기회가 오게 된다.

15
─

당신을 만나면
힘이 나요

시들어가는 화초에 물을 주면 곧 생기가 되살아나는 것처럼, 감당하기 어려운 시련과 선택의 기로에 서서 주춤거릴 때 지혜로운 가르침을 주는 사람, 걱정과 고민을 털어놓을 수 있는 사람, 그저 함께만 있어도 힘이 나는 사람, 그 사람처럼 되고 싶다고 존경하는 마음이 드는 사람, 그런 사람을 만나면 힘이 난다.

살아오면서 나에게 힘이 되어준 사람들이 많았고, 나 역시 강의하면서 또 상담하면서 많은 사람에게 그렇게 힘이 되어주려고 노력했다. 친구 두 사람과 진행한 유튜브 고도달TV 37화에서도 힘과 용기를 주는 다양한 사례들을 이야기 나눌 기회가 있었다.

고도달TV
37화

[고도달TV] 시니어 세상 37화
고도달 실사례 | 엘리너 루스벨트 이야기 | 테너가수 엔리코 카루소
마츠시타 고노스케의 3가지 은혜?

여러 해 동안 수시로 나에게 회사 일이나 개인적인 고뇌를 털어놓으며 상담을 요청하던 어느 회사 간부가 이렇게 말했다.

"언제나 밝은 표정으로 다가오시고, 저의 고민과 걱정을 듣고 제가 선택해야 할 삶의 방향을 가르쳐 주셔서 희망과 용기를 얻게 됩니다. 살아오신 이야기 속에서 배울 점이 많고, 고비마다 어려움을 헤쳐 나오고 도전하신 강한 정신력을 가장 배우고 싶습니다."

그가 그동안에 느꼈던 고마움을 이야기해주었을 때는 오히려 내가 더 힘이 났다. 그렇다. 힘과 용기는 주고받는 것이다.

내가 힘들 때 나에게 힘과 용기를 준 사람들, 나와의 상담을 통해 문제를 해결하고 힘과 용기를 얻었다는 사람들의 이야기를 통해서 그들의 행동 특징을 요약해보니 다음과 같았다.

첫째로는 상대방 이야기를 잘 들어주고, 공감해주는 사람이다.

심리학의 대가 칼 로저스(Carl Rogers)가 심리상담에서 경청과 공감이 가져다주는 치유 효과의 중요성을 이야기한 이래 경청과 공감은 심리 상담에서 가장 중요시되고 있다. 잘 들어주는 게 쉬운 것 같지만, 의외로 어렵다. 나 역시 이 점이 어렵고 따라서 주의하려고 애쓴다. 이야기를 다 듣기도 전에 자기 의견을 이야기하거나 충고나 어드바이스를 하면, 상대방은 그만 마음의 문을 닫아버린다. 그저 고개를 끄덕여 맞장구를 치며 듣기만 해주어도 상대방은 자신의 이야기를 다 털어놓게 되며, 마음의 고민을 스스로 해결하며 힘과 용기를 얻게 된다.

둘째로는 실질적이고 가능한 방법과 방향을 제시해주는 사람이다.

단순히 경청과 공감만으로는 문제 해결이 되지 않는 경우도 많다. 때로는 상대방에게 실질적이고 실천 가능한 방법을 제시해주어야 한다. 고민하는 사람들에게 필요한 정보도 제공해주고, 실질적이며 실천 가능한 문제 해결 방법을 제시해주어야 한다. 다양한 지식과 경험, 그리고 타인의 경험을 통해 터득한 지식과 지혜를 활용해야 한다. 한 가지 주의할 점은 자기의 경험만으로 이야기하면, 전혀 환경과 경험이 다른 상대방에게는 도움이 되지 않는 경우가 많다.

셋째로는 상대방이 긍정적 에너지를 얻도록 밝고 활기찬 모습을 보이는 사람이다.

나를 만나는 많은 사람이 나의 긍정적이고 밝은 모습이 보기 좋다고 한다. 밝고 긍정적인 자세와 표정은 상대방의 마음을 치유하는 특효약이다. 아침에 가족들과 밝은 이야기를 나누고, 아파트 엘리베이터에서 만나는 사람이나 경비를 서시는 분, 청소하시는 분들에게 밝게 인사를 하는 간단한 행동이 해피 바이러스를 퍼뜨리고, 스스로도 해피 바이러스가 충만한 긍정적인 사람이 될 수 있다.

밝고 긍정적인 대화도 상대방에게 힘과 용기를 준다. "우리나라, 참 대단하지?", "자네는 이런 점이 좋아", "요즈음 젊은이들, 생각보다 대견해", "그 사람 이야기를 들어 보니 아주 배울 게 많아" 등 긍정 바이러스를 전파하는 사람은 역시 그런 사람들과 어울리며 서로 위로가 되고 도움을 받는다.

넷째로는 칭찬을 해주는 사람이다.

칭찬을 잘하는 사람은 상대방의 장점을 잘 발견하는 사람이다. 사람은 누구나 장점을 많이 가지고 있다. 당신이 하는 칭찬의 말 한마디가 상대에게 큰 용기를 갖게 해준다. 자기도 잘할 수 있다는 자신감을 불러온다. 상대방의 약점이나 단점을 자주 지적하는 사람은 되도록 멀리해야 한다. 오래전에 《칭찬은 고래도 춤추게 한다》라는 서적이 베스트셀러가 된 적이 있다. 칭찬하는 방법을 학습해서 적절히 사용하면 놀라운 결과를 가져온다. 칭찬도 버릇이다. 자기 스스로 자기에게 하는 칭찬도 큰 효과가 있다. 우선 자기를 칭찬을 하는 것부터 시작해보자. 그렇게 하다 보면 칭찬하는 버릇이 생긴다.

다섯째로는 힘들 때 손 내밀어 주는 사람이다.

부모님이 우리가 힘들 때 힘과 용기를 주고, 내 편이 되어주신 것은 무슨 심리상담의 지식이 있어서라기보다는 자녀들을 위하는 사랑이 가득했기 때문에 가능했던 일이다. 그런 부모님들에게 자녀들의 안부 전화 한 통은 큰 힘이 된다. 친구들이나 지인들에게 대단한 도움을 주지 않아도 전화 한 통 해주거나, 차 한잔 같이하며 그들의 이야기를 들어주고, 그들의 마음을 이해하는 한마디 말이나 슬쩍 내미는 따스한 손길이 큰 힘이 된다. 손을 내밀어 준다는 것은 당신 곁에 내가 있다는 사랑과 관심의 표시다.

《손잡지 않고 살아남은 생명은 없다》는 최재천 교수의 책 제목이 마음에 와닿는다. 남들이 나에게 해준 것처럼 내가 남에게 손 내밀고 손잡으면 되는 것이다. 당신도 앞의 다섯 가지를 실천하면 "당신을 만나면 힘이 나요"라는 이야기를 들을 수 있게 될 것이다.

《당신을 만나면 힘이 나요》라는 책을 쓰다 보니 '내 삶이 파란만장했지만, 좌충우돌하며 피나는 노력을 많이 하고, 도전하며 성공을 거두었구나' 하는 생각이 들었습니다.

많은 고난과 도전의 과제가 주어졌지만, 주변의 도움과 노력으로 하나하나 극복해왔기에 나름대로 성공적으로 삶의 여정을 완성해가고 있다고 자평합니다. 그런 자신에 대해 스스로 칭찬도 하고 싶습니다.

이 책에 담은 저의 도전과 노력의 이야기들, 제가 상담했던 사례들을 통해 여러분께서 힘들고 어려울 때, 갈림길에서 선택을 망설일 때 성공을 위한 힌트를 얻고 힘이 되어 여러분도 스스로 성공한 인생을 살고 있다고 자평하는 그런 사람들이 되기를 기원합니다.

저는 많은 도전을 했고, 지금도 도전의 테마들을 찾고 있습니다. 변화하고 도전하기를 멈추면 삶도 멈추게 됩니다. 큰 변화와 대담한 도전도 좋고, 작은 변화와 작은 도전도 좋습니다. 변화와 도전을 이어가는 한 삶에 희망이 생기고, 용기가 솟아오르게 마련입니다. 지금의 고난을 극복하며 희망의 불씨를 살리고, 다시 도전하면서 마음속에 열정의 불꽃을 태우고 노력하며 자신을 업그레이드해가는 사람에게 성공을 향한 의미 있는 삶이 계속됩니다.

책을 쓰면서 긴 인생 여정에서 나에게 힘이 되어주었던 고마운 사람들, 나의 도움을 필요로 했던 사람들에 대해 다시 한번 곰곰이 생각해 보는 기회가 되었습니다.

힘들고 어려울 때 함께해준 훌륭하고 존경스러운 지인들과 친구들,
헌신과 희생으로 나를 지지해주신 어머니와 가족 친지들,
50년간 파란만장한 삶의 희로애락을 함께해준 사랑하는 아내,
그리고 이 책을 쓰면서 어드바이스를 받았던 작가, 츠로운.

그들에게 고마운 마음을 더욱 느꼈습니다.

또 누구라도 그대에게 손 내미는 사람이 있으면 그 손을 잡아 주는, 그런 삶을 살아가시길 바랍니다. 그렇게 해서 자신이 그리는 성공을 이루어가며 여러분만의 멋진 대하소설을 완성해 나가시길 바랍니다.

어느 시점에서든 성공적인 삶을 살고 있다고 스스로 자부하는 여러분이 되시길 기원합니다.

당신을 만나면 힘이 나요

제1판 1쇄 2025년 4월 1일

지은이 정상곤
펴낸이 한성주
펴낸곳 ㈜두드림미디어
책임편집 배성분
디자인 노경녀(nkn3383@naver.com)

㈜두드림미디어
등 록 2015년 3월 25일(제2022-000009호)
주 소 서울시 강서구 공항대로 219, 620호, 621호
전 화 02)333-3577
팩 스 02)6455-3477
이메일 dodreamedia@naver.com(원고 투고 및 출판 관련 문의)
카 페 https://cafe.naver.com/dodreamedia

ISBN 979-11-94223-53-5 (03190)